おいしい野菜の見分け方

徳岡邦夫
西村和雄
写真・山口規子

basilico

おいしい野菜の見分け方

もくじ

まえがきにかえて　徳岡邦夫

おいしい野菜とはどのようなものか、料亭を営みながら、折にふれて考えてきました。料理の現場では、直観で選んでいますが、時間をみつけては、近隣の農家を訪ね、実際に野菜を作る人と話し、仕入れます。米も毎年いろいろなところから取り寄せ、店のものみんなで、試食をして選んでいます。私なりにおいしい野菜とはなにか、舌で経験したものを蓄積してきました。

ところが、この「おいしい野菜とはなにか」という経験を、農学という科学でもって、紹介している人がいたのです。京都市のイベントで西村和雄さんの話を聞いて、私は衝撃を受けてしまいました。野菜を見ただけで、どんなふうにその野菜が育ち、おいしいかおいしくないかを見分ける人がいたのですね。

もっと詳しく聞いてみたい、そんな思いが高じて、この本は出発しました。ふたりで京都の錦市場やスーパーマーケットで野菜を買い、生であるいは茹でたりして、そのおいしさを比べてみました。ふたつの野菜を比べて、どちらがおいしそうなのか、二人の意見はほとんど一致しました。食べてみて、その見立てをはずすこともあまりありませんでした。

みなさんが、八百屋さんの店先やスーパーマーケットで野菜を買うときに、この本にのっているポイントを押さえれば、失敗することはありません。でも鵜呑みにはしないでくださいね。ぜひご自分でも野菜を買って試して、味わってみてください。そして、畑で野菜を懸命に作っている農家の人や、すくすくと元気に育っている生き物としての野菜に思いを馳せていただきたいと思っています。

健康な野菜を見分けることができる、それが賢い消費者だと私は思います。そのような態度が最終的には農業を支援することに通じるとも思っています。

どうか忘れないでください。私たちは野菜から命をもらっているのです。

おいしい野菜はどんなふうに育つのか　西村和雄

おいしい野菜とは、ゆっくり着実に育った野菜のことだと、私は考えています。長年、有機農業を研究し、農家の方とお付き合いを重ねるうちに、私なりにおいしい丈夫な野菜の見分け方がわかるようになってきました。どんなところを見たらいいのか、基本的なポイントを、まずはお伝えしてみます。

葉菜類の場合

1　色は新緑の緑、薄めを選ぶこと

葉の色は薄めがいいのです。初夏の新緑に近い色を選んでください。それが、正常な栄養状態です。たとえばなすのように、紫がかった葉の色の場合は別の注意が必要ですが。

一般的に緑が濃い方が、栄養価が高いような気がしますが、どぎつい、どちらかというと黒ずんだような葉の色は、あきらかに窒素の過剰吸収です。茹でてみるとよくわかります。濃いものは茹で汁がうす黄色に染まってしまいます。ちなみに健康な新緑の野菜は、茹でると緑がいっそう鮮やかに輝きます。

2 葉は左右対称になっているか

たとえばキャベツですが、しっかりとおいしいものは、葉を広げてみると、葉の付け根からまっすぐに伸びる太い葉脈（主脈）は太めでしっかりとしています。そして、主脈から枝分かれする支脈は、左右おなじところから、規則正しく分かれています。つまり、主脈を対称軸として左右が折りたためるのです。また、こまつ菜など、支脈が交互に分かれてゆく葉では、左右交互に出ること。支脈が欠けるのは根がおかしいと思ってください。

たとえば、肥料を多くあげすぎたり、虫にやられたりすると、根の障害となって現われ、それで地上の葉の支脈がずれたり、形がおかしくなってくるのです。

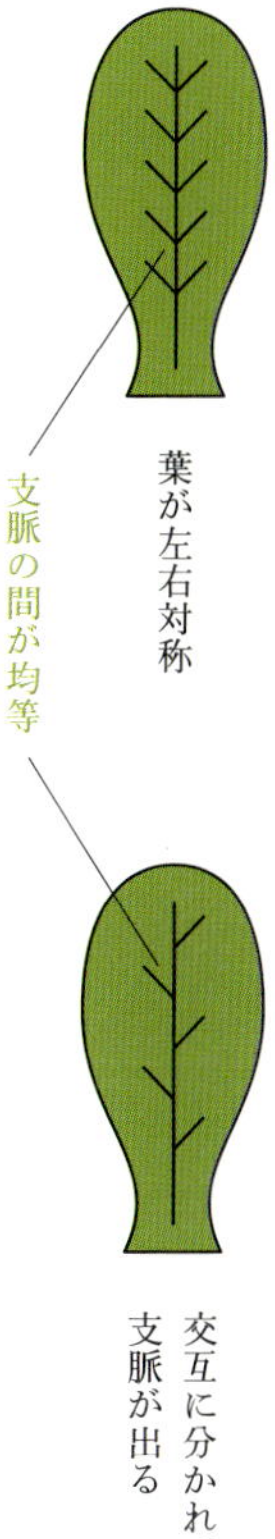

3　葉の出方のくせを知る

　葉が出る順序は植物の種類によって、決まっています。もっと厳密に言うと、葉が一枚ずつ、出てゆくときの角度が、植物によってそれぞれ決まっているのです。これを葉序といいます。たとえば、キャベツの場合、葉序は５分の２と書きます。これは、ある葉が出てから、五枚の葉が出て、ようやく最初の葉に重なるのです。葉の数は二回転で五枚になります。３６０度×２÷５＝１４４度、つまり葉と葉の角度は、健康に育った正常な葉だと、ほぼ１４４度に近い角度で、次々と出てゆくのです。したがって、パンと張り詰めるほどに充実したキャベツは、ほぼ五角形になります。

　また、ほうれん草やこまつ菜などは、外から順に葉をばらしてみると、ほぼ放物線を描くように葉の長さがだんだんと長くなるのです。三分の一くらいのところで大きな山、つまり葉が一番大きくて長くなり、ふたたび順に短くなってゆくのです。

　こんなふうに、葉の出る順序は、作物によって違ってきますが、おなじ作物であれば、葉の出方に違いはありません。その観点から見ると、一時期にドカッと肥料を入れたり、虫に食われたりすると、キャベツでは五角形がいびつになったり、こまつ菜だと、極端に短い葉や長い葉が

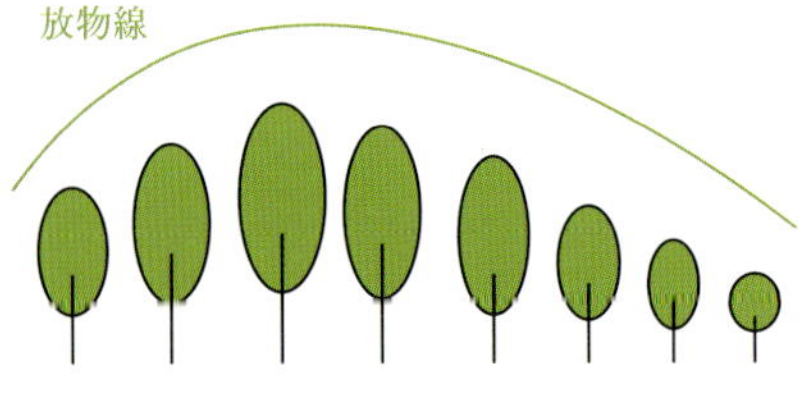

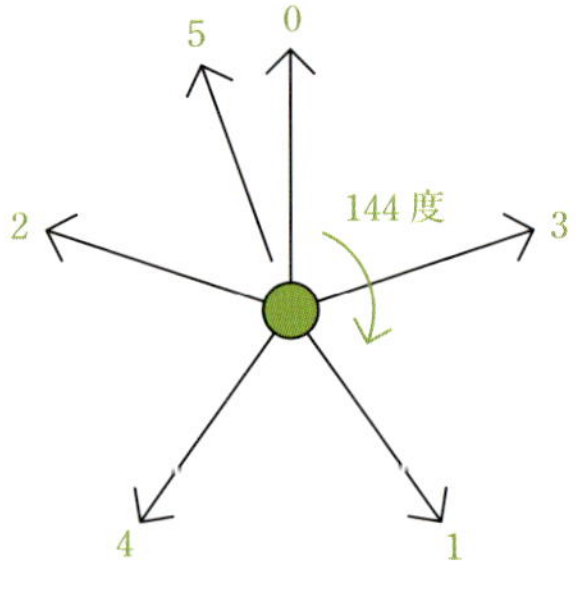

できてしまうのです。

結球野菜の場合

4 結球野菜が玉になっていること

白菜・キャベツ・レタスなど、玉になる葉物野菜を見分けるポイントは、まず裏返してみること。裏返して、葉の付け根の軸をみてください。軸は中心にきていますか。この軸の中心点を通る線が、どこを通っても左右対称となっていること、つまり、結球野菜がおなじ半径で玉になっていることになります。きれいな玉になっていれば、均等に肥料がまわり、ゆっくりしっかり育っている証拠となります。

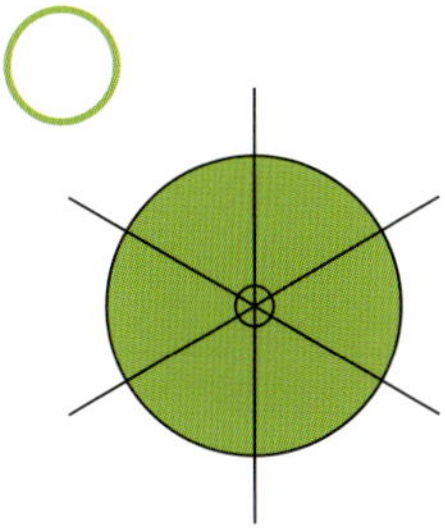

ほぼ円形で
どこを切っても
線対称になる

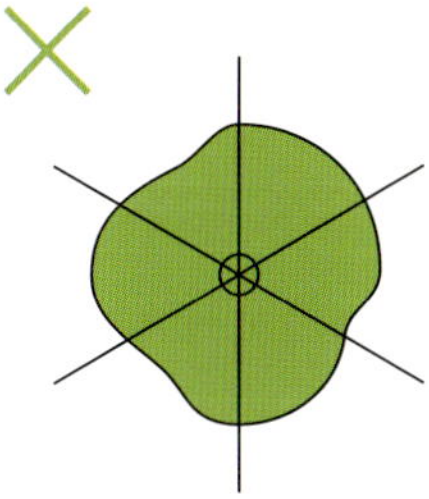

いびつになると
線対称には
ならない

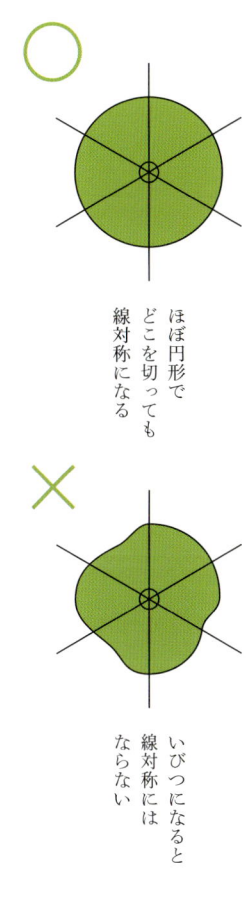

5 軸の切断面を見る

これは結球野菜に限らないのですが、葉軸の切断面を見てみましょう。切断面が球の大きさに比べて小ぶりなのがよいでしょう。軸はデコボコした円形になっていますが、その縁にちかいところに、黄色みを帯びた小さな点が縁にそってならんで、一周しているのがみえます。この点というか、丸は、維管束と言います。要するに養分と水分とが通る、細いチューブなのです。上の方から、つまり葉から根にむかっては、光合成でできた糖分がエネルギー源として降りてゆきます。反対に、根から吸収された養分と水は上の方へ、つまり地上部にむかって移動してゆくのです。

維管束は大切な器官です。人間で言うと血管に相当するでしょう。重要な器官ですから、しっかりと丈夫に作られていなければなりません。健康に育った野菜では、維管束の大きさがそろっていて、しかも等間隔で軸の縁にそってならんでいるのです。もし、大きさがそろっていなかったり、等間隔でならんでいない場合は、まともに育った野菜とはいえません。

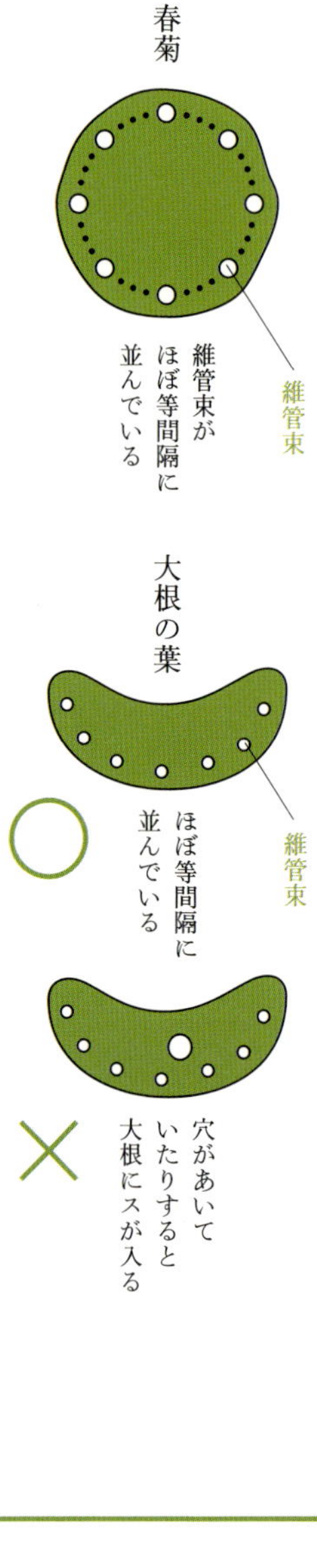

6 ヘタの形が均等で、しっかりしていること

なす、トマト、ピーマンなどは、果実の部分を食べる野菜で果菜類といいますが、この果菜類を見分けるポイントは、ヘタです。ヘタの形がどれも同じ大きさで、しっかりしていることが、おいしい果菜類の条件なんです。

果菜類のヘタは、実が大きくなるときに、胎盤のような働きをするのです。養分や水分は、いったんヘタに入ってから、必要な分だけが実に配給されます。ここで余分な養分や水分は、葉や茎に送り返されてしまうのです。

反対に、葉や茎の養分や水分が少ない場合には、ヘタは実に必要な分を確保しようと必死に働きます。元気に働いたヘタはしっかりしていて、フニャフニャしてはいません。

もうひとつは、果菜類を収穫するときにちょんぎった場所の、切断面を見ることです。切断面がキュッと細くしぼんで乾いていれば、収穫してから時間が経っている証拠。その切断面から維管束がわずかでも突き出ていれば、これも時間がかかっている証拠と考えていいでしょう。

切断面があまりすぼまっておらず、しかも維管束が突き出ていないこと。ヘタがしっかりして張りがあり、丈夫であること。これがポイントです。

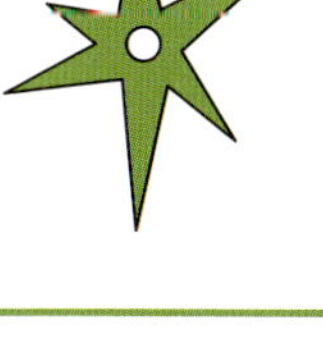

7 小さい養分吸収根を見る

根菜は、大根やにんじん、さつまいもなど、土の中にある、根あるいは茎の部分を食べる野菜ですが、たとえば、大根の表面には、養分吸収根といって、細かい根が出る小さい穴がついています。この養分吸収根の間隔が均等なものが、おいしい野菜です。この養分吸収根の間隔が、狭まったり開いたりしていると、途中で肥料を多くやりすぎたり、逆に足りなかったりしていることになります。細かい穴がにんじんにもさつまいもにもついているので、よく見てみてください。じゃがいもの表面にも、芽が出てくる穴がありますが、こちらは茎が出るところを中心に、まわるように芽が出てきます。この穴も均等になっている方が好ましいのです。

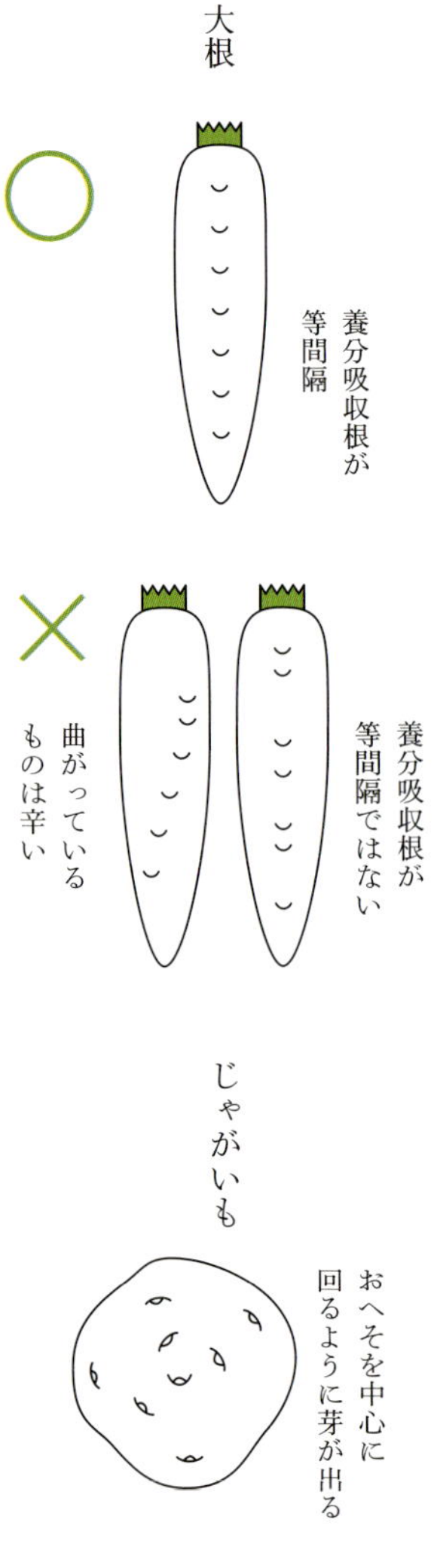

8 調理したときにわかること

すべての野菜に共通することですが、きちんと育った野菜は、「切るときはバリバリ音がするほどかたいのに、煮るととってもやわらかくなる」のです。切るときに刃ごたえがありますが、煮るとやわらかくなり、煮崩れもしません。

反対に、しっかりと育っていない作物は、切るときスカスカなのに、いつまでも火が通らず、味もしみ込みません。それどころか、ゴリゴリしていたり、スジだけが妙に歯に引っかかったりします。あまり煮すぎると煮崩れします。

生命力が強い、丈夫で健康な作物は、萎びてはいても、ボウルに水を張って、しばらく漬けておくと、ピンと蘇ります。ところが反対に、水に漬けてもシャキッとしないのは、しっかりと育っていない証拠となります。

それはどうしてでしょうか。

作物が根から水や養分を吸収するときに、丈夫で健康であれば、作物の細胞は大きな浸透圧を維持しているために、容易に吸収が可能なのです。ナメクジに塩をかけると、体内の水分が塩の方に移動してゆくのと似ています。養分は根から積極的に吸収しなければならないのですが、作物の体内の浸透圧が高ければ、それこそ根が活力を持っている証拠になります。

浸透圧が高いと体内の水分が失われにくいため、簡単には萎れません。したがって、日保ちするというわけです。たとえグタっと萎れても、水を張ったボウルにつければ、水を吸収して蘇るというわけです。

では、おいしい野菜はどのように生まれるのでしょうか。

9 土が健康であること

葉菜類にしても、根菜類にしても、どんなふうに育ったのかがポイントとなります。まさしく、氏より育ち。つまり、ゆっくり着実にそして健康に育ってきた野菜がよいのだと、わかっていただけると思います。そのような野菜は、「土」が健康だから育つのです。

土が健康であれば、作物は土壌から養分を吸収して、のびのびと育ちます。けっして急激に伸びたり、生長が途中でストップすることはないのです。

一般に有機栽培で育てると、土に与えられたボカシ肥や堆肥が分解されることによって、有機物からジワジワと放出される養分を、ゆっくりと、しかも必要なだけ吸収するので、ややもすると育ちは緩慢ですが、むらがなく着実に育ちます。緩慢だけど着実な生長、それが作物の外見や形状にも大きな影響を与えるのです。

その反面、作物に吸収されやすい化学肥料は、作物に与えると、一度に吸収されるため、作物が急速に育ってしまいます。また、消化しきれなかった養分は、細胞の中に貯えられて、体内成分に合成されるまで、待機していなければなりません。それが、ひいては食味にも大きな影響を与える可能性があるのです。

次章からは、健康な育ち方が、個々の作物の形を、いかに特定しているのか、作物ごとにポイントを見ていくこととしましょう。

おいしい野菜の見分け方＊アイテム篇

いんげん

いんげんは、さやの肉が厚いものを

西村　同じ太さですらっとしてて、肉付きがいいのが、おいしいいんげんだと思います。曲がっているのは収穫の終わりかけのものなんです。
徳岡　私はいつでも、勘というか、見た目でおいしそうなものを使います。
西村　いんげんは豆を食べるというよりも、さやの肉の部分の厚みを食べるわけですから、ふっくらとしているものを選ぶのが、一番だと思います。ちょっと、寄り道ですが、野菜を見ていると、お百姓さんの性格がわかるんです。いんげんにヘタがついていなかったり、途中でちぎれていたりしたら、かなりずぼらな人なんですよ。そういう人は、育てるのがうまくない。そんなふうに野菜を見ていくのも、ひとつの手です。

枝豆

西村　枝豆は青々としているより、黄色くなってくる手前の、豆がぱんぱんに膨らんでいるやつが、一番おいしいですね。

徳岡　見た目には、さやが黒っぽくなっているものは、おいしそうには見えないですね。

西村　ちょっと古くなると、さやの内側の膜のようなものが口の中に入ってくることがある。感触がよくありませんね。

徳岡　茹でて食べると、よくない例の枝豆は味が濃いような気がしますね。ひねてる感じで、豆も大きい。ただ、甘さでいうとよいと言われている豆の方が、甘みがあるように思います。フレッシュ感がある。同じ塩分濃度で茹でていても、塩分の吸い方も違いますね。どんな料理に使うのか、味には好みがあるから、このあたりはむずかしいですね。

黄色くなる手前、
豆がきれいに膨らんでいるものを

おおば

ちりめんが入っているものを

徳岡　ペタンとしているより、シャキシャキしている方がよいように思います。

西村　シャキシャキしているものは、太陽光が充分にあたっていて、香りがしっかりと出ます。弱々しく葉の薄いものは、温室で育っているか太陽光が充分にあたっていないので、香りが弱く香味料としての意味が少ないように思います。

ちりめんがたくさん入っているものを選んでください。ただ「ちりめんシソ」という品種もあるので、必ずしもちりめんだけが基準にはなりにくいと思います。ただし、この場合でも葉自体のコシの強さ、つまり厚みがあるなしで、香りの強さは決まると思います。

おくら

スッとした形のものを

西村　おくらはあまりいいものが、見つからなかったのですが、だんだんと細くなっているものを選んでください。あるところから、しゅっと細くなるものはおいしくない。いままで言ってきたことと同じですが、ゆっくり丁寧に育ってきたものは、形も極端になりません。筋が入っているものもさけた方がいいですね。

徳岡　ここで選んだものは、全体的によくないですね。私が選ぶとしても、西村先生がおっしゃるようにスッとしたものを選んでいるように思います。鮮度のよいものを選びたいですね。

西村　あとおくらを手で触れたときに、表面の毛がかたく指にあたるものを選んでください。毛がやわらかいものは、摘んでからの時間が長く経ったものです。

かぼちゃ

徳岡　かぼちゃは買ってきてから、吊るして乾燥させ、花尻が1.5センチくらいになってから料理します。その方がずっとおいしいですね。

西村　そうですね。かぼちゃは、収穫してからずっと追熟します。それが何か月も続く。だから冬至過ぎた方がうまいです。ポイントは、花尻、つまり軸です。

徳岡　大きい方がいいわけですね。

西村　はい。そして、まわりが充分に盛りあがっている、軸がへしゃげている方がいい。丁寧に作った健康な作物は、浸透圧をしっかり保持しているので、養分が流れこみやすい。ぷっくりしているのは、浸透圧がしっかりしている証拠なんです。今、有機野菜のブームで、有機野菜ならおいしいと思われていますが、必ずしもそうじゃなくて、おいしい野菜っていうのは、人の作り方によって変わる。

徳岡　たしかに試食すると、よい例の方は、糖度が高い。歯ごたえというかキメの細かさもありますね。

西村　色も深いですね。生育の仕方によって、これだけ違うってことです。あとは表面が、つやつやしている方を選んでください。

花尻と軸が大きくて、ぷっくりしたものを

かぶら

白い部分が横に広がっているものを

西村　かぶらの白い部分は、実は根じゃないんです。茎と根との中間部の肥大したのが、かぶなんです。この部分が横にはって広がる方がいいと思います。縦長に見えるものはおいしくない。また、かぶらは、葉にとても栄養があるんです。水溶性アミノ酸とカルシウムの量が、野菜のなかではダントツなんですよ。総合栄養食品ですよ。白いところは、繊維なので、ダイエットにはいい。

徳岡　大根よりも料亭では使い勝手がいいです。味ももってりしていますし、葉っぱも全部使えます。漬物には白い部分と葉っぱと両方を使います。焼きかぶらも、よくしますが、葉っぱの部分っておいしいところなんですね。全体的にみて、葉色の薄い方がおいしそうですね。

西村　かぶは大根と一緒で、養分を吸収するひげ根は2方向からしか出ない。しかも根のはっていく方向が、双葉と同じ方向になります。

キャベツ

西村　作物それぞれ、植物は全部固有の葉っぱの出方がある。規則性がある。それを葉序といいます。キャベツの葉序は、5分の2というので表します。キャベツの葉は軸から5枚出てきて、2回転します。レタスと同じですが、それで五角形になります。きれいな五角形になっていれば、しっかりと育った証拠です。どこかで肥料をやりすぎたり、足りなかったりすると、いびつな五角形ができます。

徳岡　半分に切ったキャベツを買う時にはどうしたらいいでしょう。

西村　その時は葉脈を見るんです。葉脈が左右に同じように分かれてるはずなんです。

こういうキャベツや白菜の見方は、全部真面目な農家との付き合いの中で教えてもらいました。試食させてもらって、「おいしいなぁ」って言うでしょ。そうしたら「おいしい野菜ってこういう恰好してるんだよ」って教えてくれる。

軸がきれいに五角形になっているものを

きゅうり

太さが均等で、まっすぐなものを

徳岡　頭とお尻の太さが均等なやつの方がよさげです。細くなっていくものは、苦い感じがするんですよね。私はまっすぐなものを選びます。

西村　その通りだと思います。きゅうりは、太さが茎のところと先が同じなのが一番うまいですね。きゅうりはウリ科で、私たちが食べているのは未熟果なんです。先が細いのは、食べたら青臭いです。また、きゅうりが曲がるのは、根が老化しているということ。それを「成り疲れ」というふうに言うんですけどね。

徳岡　有機かそうでないかは見分けることができますか。

西村　きゅうりは、茎についている部分が青黒くなり、ここは苦いのですが、有機のきゅうりは、苦い部分が短いんです。化学肥料を使ったものは長い。有機栽培だと全体の色も浅いです。

徳岡　きゅうりは濃いより浅めの方がいい気がします。濃いものは苦いですね。きゅうりを食べるときに、この黒い部分を切って、切り口どうしを合わせて、くるくると擦ると苦みがとれるといいますが……。

西村　苦みの成分は水とともに導管を伝わって、この黒い部分にたまっているんですよ。だから、擦るたびに中から苦みを吸い出すことになる。先の部分はやらなくてもいいです。かえって、中に苦みを引っ張り込みますから。

ぎんなん

線がくっきりしたものを

徳岡　私は実が大きめのものを選びますね。色の具合とか。ぷっくりしている感じのやつ。

西村　それで間違いないと思いますが、もっとはっきり見分ける方法は、線がくっきりまっすぐに入っているのを目安としてください。実として、しっかりしていると思うんです。

徳岡　ぎんなんは、実が形成していく過程でしっかりしていると、線がくっきりなっていくんですか。

西村　はい。この線の内側に養分を送る道筋があるので、これが太いと線がくっきりする。つまりはおいしさにつながります。

徳岡　あと色がしっかりついているものを選んでいます。

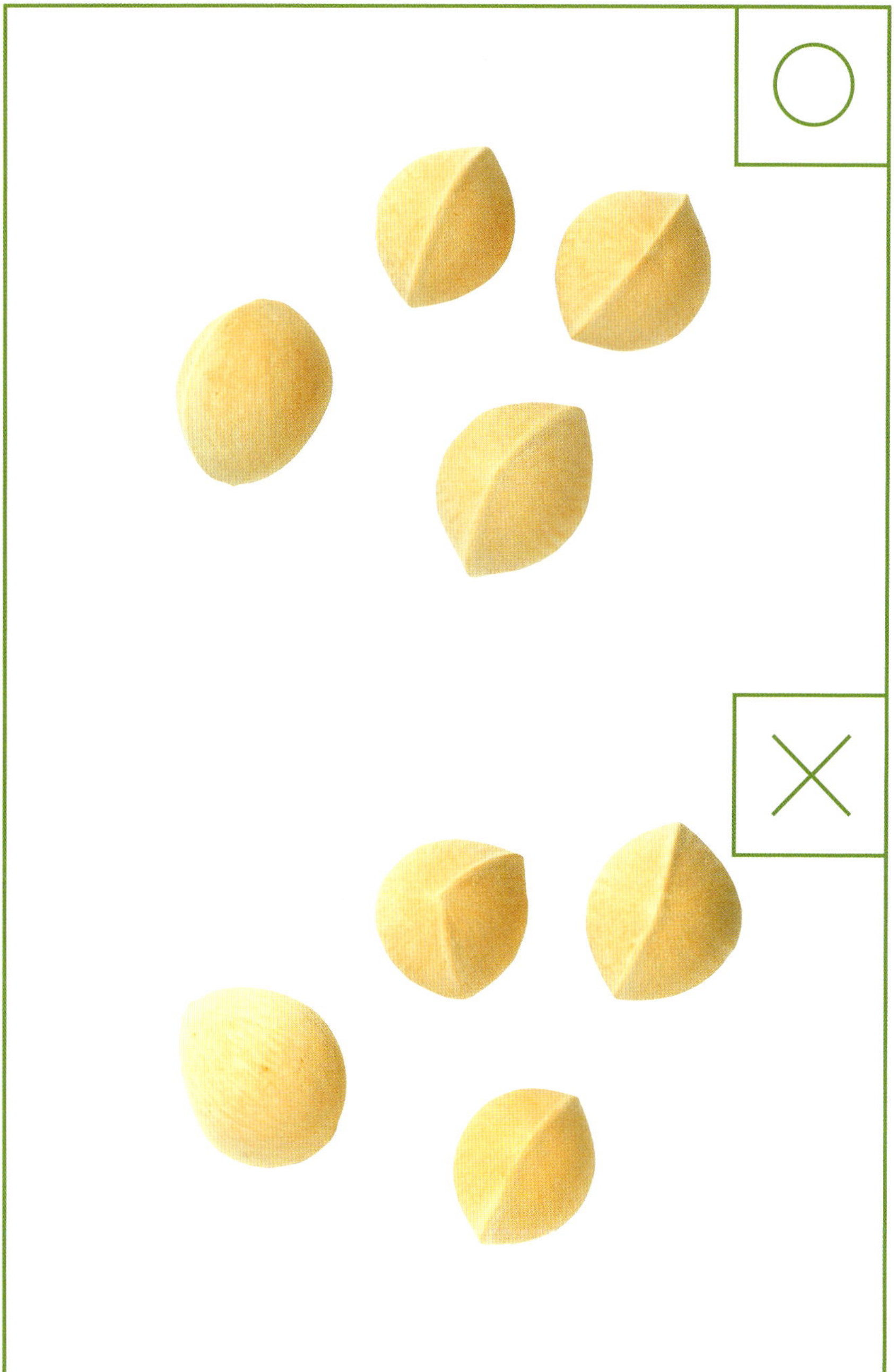

ごぼう

養分吸収根と土を見る

西村　ごぼうの見方のポイントは、大根と一緒なんです。養分吸収根の出る位置が等間隔に並んでいるものを選んでください。それが健康に育っている証拠です。

徳岡　私はついている土の質を見ることが多いです。たけのこもそうなんですが、湿気が含まれている土と含まれていない土とで味がずいぶん変わってくるんです。悪いものは雰囲気が違う。水気がなさそうな感じがします。

西村　肌が荒れてますね。肌が荒れているのは、往々にしてスが入っています。

徳岡　そういえば、持った感じでも、いい悪いがわかりますよね。よくないものは、腰が弱いですね。ごぼうは土を洗ってしまえば、皮というのがあまり気にならない。むしろ皮の近くに栄養があるので、真っ白になるまで表面をおとさない方がいいと思います。

○

×

こまつ菜

色、放物線、葉菜類の特徴を見極めて

西村　こまつ菜は葉をひろげると放物線になっていて色の薄いものを選びましょう。悪い例の方では、茎に黒いポツポツができていますが、これはゴマ症といって、窒素肥料のやりすぎです。

徳岡　こういう野菜は買わない方がいいんですね。虫が食っているのはおいしいと聞くことがあるのですが。

西村　本当に健康な野菜は、実はあんまり虫には食われないですね。野菜に抵抗力があるからです。私の今までの経験から、栄養不足の野菜か、ギンギンに肥料をやっている黒っぽい野菜か、どちらかに虫がくる。中間の生き生きとして元気な野菜は、虫がつきにくいと思います。

徳岡　味見をすると、繊維の質の感じも違いますね。悪い例の方が、かたいし、残る感じですね。

西村　われわれは体を骨で支えています。植物には骨がないので、細胞の1個1個に細胞壁を作って、壁の弾力性と強靱さでもって、体を支えている。その細胞壁は動物にはないんです。細胞壁はセルロース、ヘミセルロース、ペクチンからできている。三つの配偶比率がきれいになっていたら、規則正しく構造物ができあがるので、そういう作物は、切る時ばりばりとかたくて、そのくせ煮ると構造物のつなぎとして働いているペクチンがさっとそこに溶けだすのでやわらかくなるんです。だから繊維がかたいというのは、かえって構造がしっかりしていないということなんです。

さつまいも

養分吸収根が均等なものを

西村　さつまいもは、根菜類ですから、養分吸収根が等間隔なものを選んでくださいね。それがまともに育っているということですから。

徳岡　太い、細いというのは、関係はないのですか。

西村　あんまり関係ないですね。太い、細いというのは、実は土の重さなんです。さつまいもは土が軽いと細くなるんです。土が重いほど、ごろんとしたものになる。

西村　たぶん、やや水っぽいと思いますね。

徳岡　なるほど、そんな感じはしますね、見た感じで。この窪みがあるとかないとかは、関係ないでしょうか。

西村　これね、土がしっかりとこなれてないんだと思う。土にかたいところとやわらかいところがあったり、重いところと軽いところがあると、極端にいびつなものができるのだと思いますよ。

Sweet!

さといも

表面の輪っかがきれいに均等に出ているものを

西村 さといもの見分け方のコツは、成長輪みたいなもの、表面に筋が入ってますね。この筋がきれいに完結していて、等間隔のものを選んでください。これが途中で途切れていたりすると、火を通してもゴリゴリとかたいことが多い。ニュルニュル、ネバネバが強くて、中まで味がしみこむものは輪がきれいに入ってます。

徳岡 茹でて食べてみると、きれいに輪っかが入っているものは、皮が薄くて、しっとりして甘い。ただ、よくない例の方も、芋の味がけっこうしますね。好みもあるかな。

西村 そうですね。いもで大事な肥料は、カリウムなんです。さつまいも、じゃがいも、さといも、やまいもなどいもの類は、カリウムがないと、澱粉がうまくできないし、おいしくならない。有機栽培では、カリウムを主体とした草木灰をやるんです。

徳岡 澱粉形成がうまくいくと、糖度があがるのですか。

西村 ええ。澱粉の作られ方が粗雑にならずに、しっかりできるんです。いもの澱粉が分解する時でも、構造が規則正しくできていたら、きれいに消化していくのでおいしさが増すんです。

徳岡 消化というのは、食道を通って胃に入ってからの話ですよね。胃のなかにもおいしさを感じるというセンサーがあることが、最近の研究でわかってきたらしいですね。

○

×

しいたけ

軸が太い方がおいしい

西村　まずは軸が太い方がいいです。細いものは味がはっきりしないんですよ。

徳岡　あと、これ傘が白っぽいものと、黒っぽいものがありますね。それから、厚みは関係ないですか。

西村　厚みもありますけど、軸が太ければ肉厚になると思います。しいたけは水分が一定の環境で日陰で育ちますから、左右のななめ光なんかがさっとあたるぐらいで充分なんですよね。ただ、太陽があたった方がビタミンができますから、全然あたらなくてもいけないし、やや黒っぽいものを選んでください。

徳岡　傘の裏が白い方がいいですよね。

西村　胞子を飛ばす直前だと思います。黒くなっているのは、胞子を飛ばしている最中ですね。崩れる寸前ですね。

徳岡　崩れる寸前というのは、そちらの方がおいしいかもしれない。

西村　でも「ころ」がうまいっていうじゃないですか。

徳岡　「ころ」より「ひらき」の方がおいしいですよ。「ころ」というか、「ドンコ」と言われている、開きかけは高いんですね。でも、私は広がっている方がおいしいと思います。味がある。

西村　「ころ」は傷がないからって話なんでしょうね。

徳岡　料理派が使い勝手がいいんですよ、きっと。

ししとう

先のとがっているものを

徳岡　比較的まっすぐで、ぼってりしているものよりはむしろ、先にいくにしたがってほっそりしているものを選んでいるような気がします。

西村　その通りでいいと思います。ししとうはとうがらしの選び方とほとんど同じです。とうがらしと同じく、育っていく過程で、枝が必ず二つに分かれ、それぞれに実がついていきますが、片方は太くて片方は細いものができます。太い方の枝につく実は、いきおいよく早く成長する。成長するのに時間がかからないから、先がとがって立派なものができあがります。こちらは辛い。細い枝のものは、ゆっくりと育って、先のまるいものができます。こちらの方が過熟してしまうので、えぐみがあると思います。このあたりは好みですね。

もうひとつ、ヘタがきれいなものを選んでください。ヘタが元気であれば、充分な栄養が実の方にいきわたっています。

○

△

じゃがいも

芽の中心、おへそを見つけましょう

西村　じゃがいもの芽も、並び方があります。まずはそこを見てください。芽が出てくるところは、地下にのびていく茎なんです。よく見ると、その芽に起点となるひとつがあります。これはへその緒とつながっているおへそですね。先の芽から順番に、ぐるっとまわりながら、葉っぱが出てくるので、規則正しくなっているものを選べばいい。

たとえば、表面の皮がパリパリとひび割れているのは、問題ないんです。乾燥した空気にさらすとこうなる。でも、表面がアバタになっているものは、そうか病という病にかかっていて、皮の下がゴリゴリします。土にカルシウムをやりすぎるとこうなってしまうんです。また、表面が緑色をしているのは、土寄せを忘れて、日があたってしまったんです。

徳岡　未熟ではなく、日があたって成長したんですね。

西村　はい。いもの恰好としては、いびつにふくれたものは、やめた方がいい。肥料のやりすぎです。

徳岡　均一に土のなかに肥料を散布するのは無理ですから、どうしても偏るってことですね。

西村　じゃがいもの肌がつるっとしているのは、土のＰＨ《ペーハー》が低い。農家の方は、中性の方がいいと思ってるんですけど、作物によってはやや酸性の方に傾いている土の方がおいしいし、作物自体がきれいになることもあるのです。

そうか病にかかったじゃがいも

春菊

徳岡　春菊には2種類ありますね。切れ葉と丸葉。

西村　最近のは大型になってるんです。昔はもっと短かった。春菊も葉物ですから、まずは色を見てください。色の薄いものを選びます。色が濃いと、苦みが強いはずです。

徳岡　窒素をやり過ぎているんですね。

西村　はい。春菊ってもともと色は濃いんですけどね、それでも色の違いがわかるはずです。黄色くなるのは、別問題ですね。それは窒素不足です。

徳岡　茎に違いはないですか。

西村　茎で見るなら、太いものでもズングリしているものを選ぶこと。あとは芯ですね。芯がへにゃっとしているものは選ばないでください。

色の薄いものを。
慣れてくれば、違いがわかります

しょうが

成長輪を見てください

西村　しょうがは成長輪を見てください。なるべく等間隔のものを選ぶこと。よい方の例では、全体がぷっくり膨れています。こちらの方がゆっくりしっかり育った証拠だと私は見ているんです。悪い例の方は肥料をやりすぎて、ガボガボに成長している感じがしますね。しょうがとしてのおいしさというか、薬味として使う時にはコロンとした方がずっとおいしいでしょうね。
しょうがは、まず元になる部分があって、そこから小さな芽が出る。途中で養分が切れたりすると、ボコボコした形になって、おろすと筋が残る。

しょうがの植え方の秘訣があるんです。コロンとしたしょうがを作りたい人は、横向きに植えるんです。そうするとコロンとしたやつができやすいんです。

徳岡　成長しにくいような恰好にしてやると、成長しないかわりにそこに集中して大きくなる。ひろがらないということですね。私はあと色を見ます。黄色い方が好きですね。
それから、新しょうがの場合は、塩して1、2日おいて、そのまま甘酢にほうりこむんです。そうするとピンク色に発色する。ゆがいたり、食紅入れたりしなくても、生に塩をするときれいな色になりますよ。

○

×

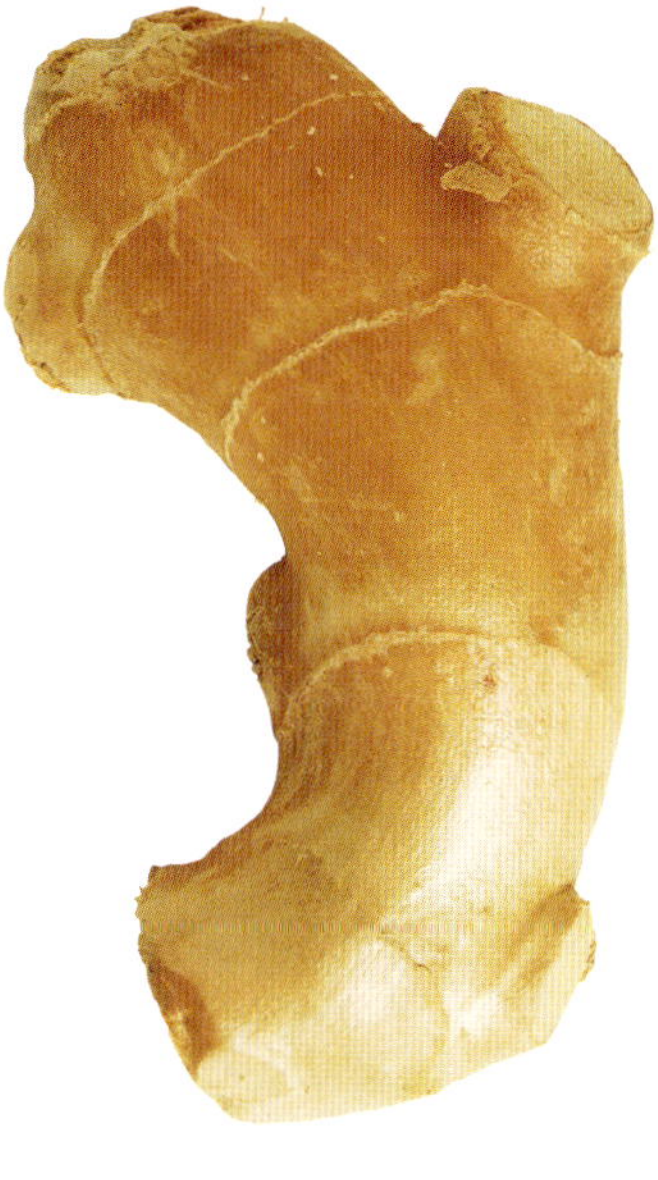

ズッキーニ

軸のところがくびれたものを選ぶ

徳岡　ズッキーニはほとんど使いませんが、これからどんどん取り入れていってみたい野菜の一種ですね。

西村　ズッキーニはかぼちゃの仲間です。かぼちゃとおなじように、軸のところがくびれているのを選んでください。その方が浸透圧がしっかりしていて、甘みがあります。もうひとつの特徴は、ズッキーニはかぼちゃでもペポという種類の仲間なのです。このペポは、澱粉質が少なくなく、どちらかというとシャリシャリ感があります。このシャリシャリ感と甘みを楽しんでください。中に種ができると過熟になって、甘みも消えますから、先端が少し膨らんだ状態が限界です。

大根

葉っぱと小さい養分吸収根を見る

西村　大根を買う時に葉がついていたら、まず葉を1枚見てください。大根の葉のような形をしているものを複葉っていうんですけど、同じ場所からほぼ左右に出るんです。同じところから出ているかどうかで、いい悪いを見極めるんです。悪い例は葉のズレがひどい。こういうのは育て方が粗雑です。養分にかなりムラがあった。

徳岡　葉の育ち方は大根本体にも関係してきますか。

西村　はい。大根の表面に小さな穴がありますね。ここから細かい根が出ています。これが養分吸収根です。根は180度2方向にしか出ない。この出る位置は、大根の種が芽生えた時の双葉の方向なんです。そして、この穴が等間隔なものがいいんです。肥料を急にやったりすると、この間隔が伸びたり、詰まったりということが繰り返される。

徳岡　作り方、作られ方でおいしさを判断するということですね。

西村　はい。さらにいうと形はまっすぐの方がいいと思います。曲がっていると辛いんです。

徳岡　1本の大根のなかでも、真ん中は甘くて、下の方が辛いですね。辛い部分は、おろして使っています。使い方次第ですね。

たまねぎ

茎の出るところが細いものを

西村　たまねぎはとんがった先のところから、茎が出てきますが、ここが細いものを選んでください。

たまねぎの形状というのは肥料のやり方によって決まります。上の方ほど後の肥料がきく。下の方ほど元の肥料がきく。上から下まできれいに丸にしようと思うと、元肥と、寒い冬の最中にやる寒肥と、お彼岸の頃にやる春肥えと三つきれいにやらないといけない。

たまねぎは、先ほどの茎のところから葉っぱが出るんですけど、これが初夏になったら枯れるんですよ。枯れた時に、いいたまねぎは、茎元からばさっと倒れます。

徳岡　肥料をやりすぎの時は茎は太くなるから、細い方がいいんですね。かぼちゃなど蔓から養分が入ってくるものは太い方がいいから、反対なんですね。

西村　そうです。茎が出るところが太いと、雨水や雑菌がその隙間から入りやすく、茎が太いと、茎元がぶかぶかなんです。茎のところを親指でさわってみてください。カツンとあたるものと、ブカっとへこむものがありますので、必ずカツンとあたるのを買ってください。ブカっとへこんでいるのは、中が腐っているものがあります。

○

×

ちんげんさい

西村「ちんげんさい」も、葉菜類ですから、葉を並べていったら、いつ頃肥料をやったかすぐわかります。あとは、葉っぱの葉脈が左右対称になっているものを選んでください。左右きれいに出ているものが、ゆっくり順調に育っている証拠です。1枚の葉は1本の根に支えられていますが、根のどこかがかじられたり、カビがついたりしていると、葉脈は対称にはなりません。

徳岡 左右対称がなぜ、おいしさにつながるのですか？

西村 野菜が健康に育っていると左右対称になるので、そういう野菜はおいしいといえます。

徳岡 茎の太さや大きさは関係ありますか。

西村 あります。根の上の部分に割れ目が入っている時は、急激に成長しすぎてカルシウムが足りなくなっている。人間でいったら骨粗鬆症。軸はできるだけ全体の太さに比べたら、キュッとしまって細い方がいい。養分の通り道の維管束が、きれいに円を描いているのがいいんです。スカスカではダメなんです。

左右対称に支脈が出ている葉

葉っぱの葉脈を見てみよう

とうがらし

徳岡 とうがらしは、ピリピリするやつと、そうでないのがありますよね。あれも外からわかるんですか。

西村 わかります。先のとんがり具合なんですよ。尻の丸いのは避けろって、昔からおばあさんの言い伝えであるそうです。なぜかというと、とうがらしは枝が必ず二つに分かれるんです。二つに二つに倍々ゲームで分かれていくんですけど、分かれる時に、片方は太くて片方は細いんです。太い方の枝が勢いがいいから、枝の先につく実も、早く成長する。成長するのに時間がかからないから、先がとがっていますがけっこう立派なものができるんですね。これは辛い。細い枝のものは勢いが弱いので、大きくなるのに時間がかかるんですが、その分ゆっくりと育ち、過熟状態なんです。一般的にいって、遅く育ってしまったもの、つまり先が丸くて短いとうがらしの方が、辛くない。

徳岡 あと、私は曲がっているものはあまり使いません。

西村 曲がっているのはまずいですね。まっすぐな方がいいと思いますね。

徳岡 辛くないのと、おいしいのとはまた違いますよね。

西村 違いますね。ひとつの見分け方としては、ヘタがきれいに五角形になっているのがおいしい。色も薄めのものの方が、いいと思います。

だんだんと
色が濃くなる。
濃い方が辛い

辛いとうがらしは先がとがっている

○

×

とうもろこし

軸が細くてまっすぐなものを

西村　旬が終わりかけていたので、理想的なものはみつからなかったのですが、長くてずんぐりむっくりしているよりも、長くて太い方がいい。全体的に太さが変わらず、軸が細いものがいいんです。軸が細い方が養分がゆっくり入るのでおいしいはずです。

徳岡　難しいですね。かぼちゃなどのときは、太い方がよかったのに、とうもろこしは蔓ではなく、茎から養分が入るので、細い方がいいのですね。

西村　太いとガボガボに水が入ってしまうと思います。実はとうもろこしほど、鮮度が落ちやすい作物はないんですよ。産地の北海道では、畑に行く前に湯を沸かしておけと言うほどなんです。もいで30分以内に茹でろ、と言います。生で食べる品種が出てきたようですが、どんなとうもろこしでも、頭に出ている毛が、半分茶髪になった時に生で食ったらうまい。

徳岡　はじめは白ですよね。それが茶色になってくるんですか。

西村　はい。全部茶髪になった時のやつは歯につく。それは熟しすぎなんですね。焼いても同じです。北海道の人たちは根元まで茶色くならずに、白いところがある程度残っているのを好んで食べますね。

トマト

白い筋を目安に

徳岡　私は糖度が高いものは、頭がとんがっているような気がしていました。

西村　トマトのヘタのない方、その真ん中にある小さなポチからは、白い筋が光のように出ています。この筋が長く走っていて、筋と筋の間は果肉がやや透けて見えるようなのが、実は甘いんです。白い筋のないものは、酸味が強いんです。だからそれは生食用には向かずに、むしろ料理用に向く。湯剥きしてビーフシチューなどに使うといいと思います。

徳岡　とんがっている、とんがっていないのは関係がないんですか。品種が違うんでしょうか。

西村　どのトマトもとんがります。その方がきれいです。とんがっていないのは、過熟になっているトマトだと思います。全体の色や形も一定の目安にはなりますが、やはり、白い筋が一番の目安になります。

○

×

なす

ヘタと実の間が白いものを

徳岡 私はなすも見た目の美しさで選びます。色艶がよくて、まっすぐにのびているものを使います。

西村 それでいいと思いますが、もうひとつ付け加えるポイントはヘタでしょうか。よく見ると、ヘタと実の間は白くなってます。この白い幅が５ミリくらいで、真っ白なものが食べごろです。白い部分が出ていなくて、ヘタとの間のないものは、まだ未熟です。逆にヘタと実があきすぎていて、白くなく、なすの地の色に変わってしまっていたら、これは日に焼けてしまった証拠です。日に焼けてしまっているということは、かなり時間がたっていて、熟しすぎている証拠だと思っています。ちょうどいい頃合なのは、白い部分がはっきりと見えているときなんですね。ぜひその部分をチェックして、おいしいかどうか、試してみてください。

にがうり

白っぽいものの方が、苦すぎない

西村　にがうりは、全体が白っぽく見える時が一番おいしいんですね。全体が何となく白い透明な膜がかぶってているように見えるのがいい。

徳岡　緑が濃くなる前ということですね。

西村　はい。白くビニールコーティングしているように見えるのは、熟する一歩手前。熟してしまうと、ただニガくなってしまいます。

徳岡　海外の野菜は色が濃い感じがするんですけど、それは比べられないものですか。

西村　野菜の色の違いは、その地域で比べなければ、意味がないと思います。地域によって太陽光線の光の波長のスペクトルが違いますから、同じもので色は違ってみえます。日本列島内でも違うんです。空気層を通る時の水蒸気の量などで変わってきますから、野菜は同じ地域の中で比べて判断してみてください。

ニラ

新緑の頃の緑の色に近いものを

西村　ニラは一目瞭然です。薄い色を選びたい。葉菜類の場合、濃いのは窒素をやりすぎている証拠。ちょっと黄色みがあるような、鮮やかな緑色をしたものを選んでください。濃い緑は必ずしも葉緑体の色ではありません。茹でてみるとよくわかりますよ。濃いものは茹で汁に色が出て染まってしまいます。

写真の野菜は、やや先が黄色くなっていますね。肥料をかなり控えめにやった証拠だと思うんです。そして、茎は細い方がいいと思っています。

徳岡　私はいつも勘というか見た目で選んでしまいます。ニラだったら比較的まっすぐなものを選びます。試食をすると、濃い色の方が苦みというかえぐみがありますね。薄い色の方が優しい感じがします。

西村　濃い方が窒素分は多いから、苦みとえぐみが出ますね。

にんじん

ひげ根の位置が均等で、ツヤのあるものを

西村　にんじんは根菜類なので、ひげ根（養分吸収根）の出方が等間隔、間隔が比較的均一になっている方が私はいいと思います。根の出る位置がある個所は詰まっていたり、飛んでいたりしない方がいいですね。

徳岡　均等に根が出ているということは、健康的に成長している、イコールおいしいと。少々曲がっていたりしても問題はないのでしょうか。

西村　土のかたさが関係してくると思います。にんじんは比較的軽くて、水はけのよい土が適していると思います。

徳岡　土がかたいということは、ミネラル成分のバランスが悪いということですか。

西村　むしろ物理性の問題で、水はけが悪かったりします。それがにんじんの生育に影響し、先が又根になったりします。あとは色の濃いものの方がおいしいです。これは日当たりの具合です。

徳岡　つややかなのと曇っているのでは。

西村　それはつややかな方が、おいしいと思います。

徳岡　では、見た目である程度判断してもいいのですね。

にんにく

ぷっくり膨らんだものを

西村　育ち方で香りと、にんにく臭のきつさが違うんです。僕は肥料の少ない自然農法で作っていますから、おいしい。胸焼けしないんです。ただ中身が充実して膨れるかが問題なんです。中身の浸透圧が高いほど、外側の養分が中に入りやすいんです。

徳岡　私もよく料理に使いますが、ぷっくり膨らんだものを選んでいますね。どうして浸透圧が高い方がいいのですか。

西村　浸透圧は、水の中に塩、砂糖、アミノ酸、いろいろなものが溶けているほど濃度が高くなる。中の浸透圧が大きければ、引っ張る力があるので、養分を吸収しやすい、ということなんです。大きくなる時の最初の段階で、どれだけ葉っぱが実の部分に浸透圧を与えるか。それによって決まるんですけど、結果的には葉の健康によって決まってくる。それの差が、実の膨らみに出てくる。浸透圧の大きい方が、糖分もアミノ酸もたくさんあるのでこくが出やすい。味が深くなるというふうに私は思っています。

○

×

ねぎ

根の上のところがぷっくりと膨らんでいるものを

西村　ねぎは、根のすぐ上のところに養分をためるんですね。だから、らっきょうのようにぷっくり膨らんでいる方が、おいしい。それでいて、葉色が薄いものを選んでください。

徳岡　健康で自然だということですね。

西村　そうですね。そういうものは辛くなくて、生で食べられます。

徳岡　栄養素の行き渡り方、摂取の仕方が、食べる部分にたくわえられているかどうかなんですね。

西村　ほうれん草のところでも、いいましたが、霜が降りる頃の方が、ねぎもおいしいです。越冬する作物は凍らないようにするために、糖分をどんどんためていって、体内の水を減らしていくんです。そうすると凍らない。普通の水は0℃で凍りますけど、糖分とか塩分があると濃度に応じて氷点が下がっていきます。氷点降下って、理科の授業で習いましたよね。その糖分で、ねぎは甘くなる。もうひとつ特徴的なことは、ねぎは土が重い方が細くなるんです。だから関東のイッポンねぎが太いのは、関東ロームという軽い土のせいなんです。兵庫県に岩津ねぎというのがありますけど、あれはあんまり土をかぶせたら太りが悪いので、軽くかぶせるだけ。だから白いところが短いんです。

白菜

葉が内に巻きこんでいて、どんぐり型をさがす

西村　最近は、白菜を1個丸ごと買っているのをあまりみかけませんね。スーパーや八百屋でも、半分に切って売っていますから。中が見えれば、写真のように中に巻きこんでいるものがいいですね。白菜の葉っぱは、1日2枚の早さで若葉を製造していくんですよ。そうすると新しい葉が、内側からガンガン押していく。結果的に内側へ内側へ巻いていくんで、中がおしくらまんじゅうになるので、こういう玉の恰好になるのです。

徳岡　悪い例の方はスカスカですね。

西村　軸の成長の具合なんですね。ゆっくり充分に育っているものは、内側に巻いていきます。株として見るならば、腰がバーンと張っているというか、丸くどんぐり型に見えるものがいいですね。半玉に切って売っている白菜では、切り口の中心部、芯のところが膨らんで出てくるものは、勢いの強い新しいものだと言えます。

徳岡　色で見分けはつきますか。

西村　あまり色は関係ないような気がします。葉がしわしわでも、霜にあたっているだけですから。ただ薄黄色したやわらかい葉でも下側の白いところでも、黒い小さな斑点があるものはやめた方がいいですね。土に肥料をやりすぎて硝酸態窒素が過剰になっている証拠です。ゴマ症と言っています。

ピーマン

グラマーなものを選ぶ

西村　ピーマンは軸の小さい方がいい。あとは肩の張りぐあい。ゴロッと、あるいはぼっこりなっている方がいいんです。なで肩で、形がちゃんとついていないものは、やめた方がいいです。つまりはグラマーな方がいいですね。

徳岡　よくない例の方は、とんがってますね。色についてはどうですか。

西村　ピーマンも色はあんまり濃くない方がいいと思います。中の種が、悪い例の方は、黒くかたくなっています。もし種が残って料理したりすると、口の中で歯にはさまる。これが有機栽培で作ったピーマンだと、少なくとも食べごろの時期に、種が絶対かたくならないですね。口の中でさわらない。

徳岡　料理のときに、種はとってしまいますよね。

西村　そうですね。ピーマンなどは種をとりますし、他には京野菜の伏見甘長とうがらしなども、種をとります。ところが有機栽培だと種をとらなくても丸ごと食べられるんですよ。

ブロッコリー

西村　ブロッコリーもカリフラワーも同じですが、花芽の下についている葉を見てください。この最後に出てくる葉は、花芽を保護しようとします。ですから、斜め上に花芽を巻くようになっているものがいいんです。逆にこれが水平になっていたら、葉が開いてしまって花芽を保護できていないということです。もちろん、花芽に黄色みが見えてくるのは、花が咲く寸前ですから、止めた方がいいですけれど。

徳岡　ここに葉っぱがあるというふうに意識していなかったですね。

西村　葉っぱなどは落とした状態で売っていることが多いのですが、切った残りが横に向いているのか、斜め上に向いているかでもわかりますよ。

徳岡　花芽が開いていないというか、密集していたらおいしそうに感じますが。

西村　それはありますね。ただ、今は保存技術が進んで、カリフォルニアから運ばれてきても、花芽はぱんぱんしています。クラッシュアイスの中に詰め込まれて運ばれてきます。冷凍ではなく、氷温にして長持ちさせるんです。

花芽の下の葉が斜め上に巻いているものを

ほうれん草

丈夫に育ったほうれん草の葉は放物線を描く

西村　基本的にニラといっしょで、まず色を見てください。あまり濃くない方がいい。コテコテに濃い、むしろ黒ずんでいるようなものは、葉緑素の色じゃありません。おいしい野菜は、ゆで汁の方に色が出てしまう。ゆでると色が一層鮮やかになります。茎も細い方が好ましいです。

徳岡　海外の野菜は、葉っぱはけっこう濃いですよね。

西村　あれは太陽光線の違いなんです。なので、同じ条件の下でなら、濃くないものを選んだ方がおいしいと思います。それともうひとつ、なかなか八百屋やスーパーで広げてみることはできないかもしれませんが、葉を1枚1枚ひろげていくと、1房10枚の葉が放物線を描いているのがいいのです。ほうれん草は、葉に養分をため込みますから、ゆっくり充分にため込んだものは放物線を描きますが、どこかで肥料をやりすぎたり、足りなかったりすると、急に葉っぱが大きくなったり、長かった葉がストンと短くなったりするんです。

徳岡　確かに放物線を描いていないほうれん草は、苦いですね、葉は厚いけれど。

西村　ほうれん草の甘さ自体は、糖分です。霜がおりる頃に葉が凍らないように、糖分をためだすんですよね。

みず菜

葉が左右に枝分かれしているものに

西村　みず菜は葉っぱを見てください。1枚1枚見ると、きれいに枝分かれしている。これ火炎葉《かえんよう》と言います。悪い例のものを見ると、それが乱れている。枝分かれのほかに、ユニットに繰り返しがあるかどうか。規則正しくなっているかどうか。それがポイントです。

徳岡　私は色とか形ですね。でも全体として雰囲気で選んでいます。

西村　直感でこれだと選ばれていると思いますね。それ、当たってるんです。

私は野菜を選ぶ時、お尻もよく見ています。お尻を見ると、何がわかるかと言うと、葉っぱの1本1本の茎の出方がきれいに分散しているかどうかがわかる。それはレタスやキャベツも同じなんですが、均等にしっかり育っている証拠なんです。

もうひとつ、切り口を見ると、茶色く酸化しているかどうかがわかります。新鮮なものはあんまり酸化していない。

徳岡　そこで鮮度を見るわけですね。

みつば

色が薄いものを選ぶ

西村　みつばもほうれん草やこまつ菜と同じく、色の薄いものを選んでくださ い。色の濃い方は、窒素過多だと思います。香りもきつすぎると思いま す。

徳岡　茎の細い太いは関係ありますか。

西村　あまり関係ないと思いますよ。

徳岡　根の色が違うような気がするんですけど。

西村　おそらく土が養分過多で根が焼けてるんだと思います。

徳岡　水耕栽培もしていると思うのですが、その方が効率いいんですかね。

西村　効率はいいですね。ただし養分をやりすぎると、葉も根も色が濃くなってしまいます。

もやし

徳岡　めったに使いませんが、好きな野菜です。ザーサイといっしょに火を通して食したりします。選ぶときのポイントは、生き生きしていて白くて、新鮮そうなものを選びます。

西村　それで間違いないと思います。もやしは水を吸収させ、暗くして発芽させるのですが、選び方のポイントは芽になるところから、根の先近くまでが、同じ太さで伸びていること。その方がゆっくり育ったことになります。

そして、根の先端が黒くなっていないか注意してください。先端がしなびていたり、黒くなりかけているのは、伸びる限界だということ。つまり養分もかなり消耗していることになります。

全体的に同じ太さで、先が黒くなっていないものを

○

×

レタス

バランスのよい五角形のものを

徳岡　きれいな形のぷっくりしてるものを、形を見て、ぱっと見で決めちゃうからな。バランスがとれてるものを無意識に選んでいますね。

西村　それって、正しいんですよね。印象として強い方がおいしい。レタスの場合は、軸のバランスがきれいな五角形のものを選ぶといいと思います。たとえば、密植しすぎると、成長が歪んでしまう。逆に、等間隔のものは、しっかりゆっくり成長している証です。しかも、レタスはストレスがかかると苦みが強くなりますから。

徳岡　人間だったらむしろ順調に育っていくと、メンタル的に弱い人間ができそうですけど。打たれ強い人って、波瀾万丈な人生を送っている人が多いじゃないですか。

西村　それは、温室で作ったものと、露地もんとの違いにたとえられるかもしれません。温室で作られたものは、形は整っているけれども、味がぼけてます。温室育ちの有機栽培も同じです。温度も水も一定で、外からの刺激に反応しないからなんです。ある程度外気の刺激にさらされた方が、しっかりしたものが育つと思います。生命力と言ってもいいですかね。小さなストレスがないと正常な反応が出ません。ただし、大きなストレスは負担になるので、反対につぶれてしまいます。人間も同じだと思います。

れんこん

徳岡 ぱっと見た感じでわかりますね。悪い例はシガシガした感じがします。

西村 絶対に白っぽい方ですね。よい例はムチムチした感じだけど、悪い例はシャガシャガした感じでおいしくないと思います。断面見た時、悪い例はまず色がついてますね。よい例は糸引いてるでしょ。れんこんって糸引いた方がおいしい。こくがあるのです。

徳岡 切り口ではなく、外側で違いはわかりますか。

西村 あんまりわからんですね。ふしのところから根が出ますから、わかりにくいですね。

徳岡 ふしのついている時はどこで見分ければいいんですか。

西村 ふしのついているところだったら、根の色ですね。根が元気なやつは真っ白です。元気のない根は黒ずんでます。ここでわかりますよ。

断面の色がきれいで、糸を引いているものを

○

×

いちご

西村　市場に出回る時のいちごは、原則として未熟なものなんですよ。完熟していると、運んでいる間に、じゅるじゅるになってしまうんですね。そういうリスクを減らそうとして、いろんな品種改良をしてきたんですね。なるべくヘタと果肉との間が分離してるものを選んでください。ヘタのかくれている白い部分が見えているものがおいしいと思います。簡単に言えば、ヘタがめくれている方が、完熟に近いということです。

徳岡　勘ですが、色も濃い方が新鮮に思えますね。あとは品種の違いもありますね。いちごの品種ってどれぐらいあるんですか。

西村　100種類以上ありますね。「はるのか」「とよのか」「あまおう」いろいろあります。ただ今の主流は、砂糖みたいな甘みだけのものが多いですね。私は実は甘さと酸味と両方あった方が好きですね。

徳岡　そう思います。甘いだけじゃ駄目なんですね。酸味と甘みのバランスがとれて、濃い感じがいい。いちごについているぶつぶつは何ですか。

西村　いちごはあれが種なんですね。あれが受粉していないと種から生長ホルモンが出ないんです。きちんと受粉しないと、いびつになります。だから、いちごも見た目はきれいな方が、おいしいと思いますよ。

ヘタがめくれ上がっているものを

柿

肩のところが盛り上がっているものを

西村　柿のポイントは、肩のところの盛り上がりなんですよ。盛り上がっている方が、絶対に甘い。もうひとつの見どころはヘタ。4枚出ているヘタが四方へそろって出ていて、大きさも同じものを選んでください。写真では悪い例のヘタの方が大きいですが、できればヘタは大きい方がいいです。

徳岡　全体的にふっくらしているものを選んでいます。料理にもよく使いますが、料理に使う場合は、熟したものではなくて、少しかためのものを選んでいます。

栗

肌の色とツヤのいいものを

西村　栗は見た目が勝負です。地が荒れていないか、肌のツヤつまり色にムラがないか、この2点を見てください。

徳岡　形は関係ないのですか。ぽこっとしているのと、平たいものとありますね。

西村　平たいものは、いがの真ん中にはさまっていたんです。栗って実が小さい方がおいしいんです。

徳岡　うちはシバグリを使っています。天然のものと人工的に作ったやつと雰囲気が違いますね。

西村　シバグリはうまいですね。

すいか

黒い筋がしっかりしているものを

西村　黒い筋と緑の地との境界の、コントラストがはっきりしているのが甘いと思います。この境界がぼけてるかぼけてないかで味は決まるということです。

徳岡　どうしてコントラストが強い方がいいんですか。

西村　適度に養分を吸収して組織がしっかりしていると、黒と緑の境界がはっきりしてくると思うんです。

徳岡　大きくなっていく段階で、はじけていくわけですね。割れて黒くなるんですか。

西村　単なる筋なんです。これは割れではないんです。種があるところが黒くなるといいます。

徳岡　メロンと同じではないんですね。

西村　メロンは明らかに外の皮の生長と、中の果肉の生長のスピードが違うのでクラックが入ってしまうんです。でもすいかは違います。

徳岡　黒いところを切ると、種があたるって本当ですか。

西村　はい。切ってみるとわかりますよ。その種が全体にばらけている方が、甘いです。種から生長ホルモンが出るので、種があるところが甘くなるんです。

バナナ

肩が張ったものを選びましょう

徳岡　バナナ、プリッとしている方がいいのでしょうね。

西村　茎から切った部分、つまり皮を剥くところが、ぷっくりしている方が、おいしいと思います。肩の張りをよく見てください。それから、カーブしている方がいいと思います。カーブの大きい長いものは、バナナの木の外側になっていたものです。内側になっていたものより発達がよくおいしいのです。

徳岡　でも味見をすると、悪い例の方が、ねっとりとしておいしく感じますね。たぶんバナナの種類の違いだと思うんですけど。

西村　品種ですね。

徳岡　品種もありますよね。だから一概に言えないですね。

西村　そうですね。あくまでも、同じ品種が売っているなかで、選ぶとしたら、そこを見てくださいということです。

徳岡　あくまで目安ですね、先生の視点は作物の育ち方を基本にしているので、いい視点であるし参考になりますが、やはり自分でもきちんと味を見て、自分なりの基準をつくっていかなければいけないですね。

ぶどう

実の大きさがそろっているものを

西村　ぶどうはとても繊細に育てるんです。蔓に近いところと先の実の大きさを一緒にするというのが基本的なテクニックなんですね。蔓に近い方の実を成熟させてしまうと、先が小さくなる。それでわざと蔓の近くの実を摘むんです。もっと丁寧にしようと思うと、途中の実もぬく。粒どうしがおしくらまんじゅうして、ぺちゃんこになるのを防ぐんです。

徳岡　いらないところをどんどん取って、残した実に集約しているわけですね。

西村　もうひとつは浸透圧ですね。よいぶどうは、秋に収穫する季節になって霧が出ると、空気中の水分を吸ってぶどうが破裂するぐらい浸透圧が高い。そういうぶどうは、甘くて後味がさわやかに残るんですよ。

みかん

みかんは小粒で、皮が薄いものを

西村　みかんは油胞《ゆほう》と呼ばれる小さな粒（皮を剥くときつぶれて汁が手につく）が、細かくて均一なものを、まず選ぶことです。これが大きいものや粒が不揃いなものはおいしくないのです。つぎに皮が薄くて、外から袋の数が読めるようなものが理想ですね。

枝の先の方に実ができるのを「天成《てんなり》」といいますが、天成は水を引っ張る力が強い。だから大きくなります。枝の下の方だと、水や養分があまりもらえないので、ゆっくりしか大きくなれない。結果的に枝の下の方がおいしくなるんです。

徳岡　皮のぶつぶつが大きい方が甘みがあって、ぶつぶつが小さい方が酸味と甘みが共存している感じがしました。

西村　みかんは酸味も甘みも両方ある方がおいしいと思うんです。徳岡さんがおっしゃるように、ぶつぶつが小さくて、皮が薄い方が甘酸同味していると思います。みかんは東西南北の方向によって実の味も違ってくるんです。

徳岡　日照条件ですか。

西村　そうです。ただ、見た目ではわからないので、袋が外から読めるぐらい薄いものを、店頭で探してみてください。おいしくないみかんは熟しても、肩のところが、スカスカしています。それもひとつの目安でしょうか。

○

×

桃

プリンとしたお尻のようなものを

徳岡　私は見た目で選んでいますが、全体的にふっくらとまあるいものを選んでいます。それと色も自然に淡い桃色のものを手にしているような気がします。

西村　桃尻という言葉があるように、桃はくびれの両側がぷっくりした色気のある方がおいしいと思っています。かぼちゃの本体についている軸の根元が膨らむのと一緒なんです。実がぱんぱんに膨らんでくると、このくびれが目立つんですね。桃の細胞の浸透圧が高いものほど、木から充分に養分を吸いこんできます。

りんご

軸のまわりがぽっこりしているものを

西村　かぼちゃなどと、同じ原理なんですが、浸透圧が高いと、軸のまわりが盛り上がって、深く食い込みます。これがいいりんごの条件です。なしも基本的には同じですね。同じ条件のりんごだったら、この部分が深いか浅いかで見分けましょう。

徳岡　確かに味見をしてみると、同じ品種の、同じような条件だったら、深い方がいいですね。

西村　蜜が入っているかどうかもわかるんです。窓際でりんごのお尻のところを透かしてみてください。お尻の一番奥のところを斜めに見るんです。そうすると、光が多少りんごのなかを通るので、蜜が入っていれば、薄く透けて見えるんです。なしもりんごの選び方とまったく同じですから、選ぶときには、軸の部分をよく見て、まわりが盛り上がっているものを選んでください。

西村和雄

おいしい野菜について考えよう*

徳岡邦夫

おいしい野菜とは？

西村　今回、私たちが選んだ野菜は必ずしも有機農法で作ったものではありません。スーパーや錦市場を歩いて選んだものです。市販のものを買ってきてその中から、おいしい野菜とそうでないもの、つまりピンキリをわり出しました。どこで買ってもピンキリがあるということを、まずはわかっていただきたい。

どうしてピンキリがあるのかというと、農家の栽培方法の違いがそこに出てきているからです。化学肥料を使っている人でも、上手に野菜を作っている人もいれば、有機栽培でも牛糞をドカドカ入れて、おいしくない野菜をつくっている人もいる。健康な作物は浸透圧がしっかりしているので、そこに養分が流れこみやすい。そうすると、野菜はおいしい。だから必ずしも有機野菜が絶対的とは言っていません。今、世の中が有機ブームになっていますが、有機野菜と謳っているからといっておいしいとは限らない。おいしい野菜っていうのは、作り方によって変わる。そのことをまずはみなさんに知っていただきたいと思っています。

徳岡　おいしい野菜を作るひとつの手段として有機の方法があると。

西村　そうです。

徳岡　アイテム篇でもお話を聞きましたが、追肥したり、過剰に硝酸態窒素を摂取している野菜はよくない。硝酸態窒素というのは毒物なんですか？

西村　作物にとっては必須の栄養成分なんですよ。作物はいくら吸っても何ともない、平気なんですけど、われわれがそれを取り込むと、腸のなかで還元されて亜硝酸態窒素に変わる。亜硝酸態窒素が体のなかに入ると血液のヘモグロビンとくっついて、メトヘモグロビンという、酸素運搬能のないヘモグロビンに変わる。一酸化炭素中毒と一緒なんです。酸素を運搬しなくなる。そうなると、体のなかから酸欠をおこしてしまう。一九六〇年代に欧米でおきたのが、化学肥料をたっぷり与えて育った野菜をとりすぎた主婦が、赤ちゃんにおっぱいをあげていたら、おっぱいに亜硝酸態窒素がたくさん入って、赤ちゃんが貧血おこして真っ青になった。障害児が出たりしたこともあるぐらいの問題だったんです。酸欠ですからチアノーゼをおこします。それは健康にはよくない。

徳岡　窒素というのは土壌というか土のなかでどういう形で存在するんですか。

西村　化学肥料の場合は、硫酸アンモニウムとか硝酸アンモニウムとして存在します。有機栽培の場合だったら、それが有機物として土のなかに含まれています。

徳岡　有機物のなかに窒素があるのですか。

西村　あります。タンパクとか、生物の体は全部窒素を含んでいますから。それが分解されて吸収される。窒素が根から吸収されるのは、有機栽培であっても化学肥料であっても一緒だと思います。だけど有機物が分解していく過程で吸収されると徐々に吸収されます。ところが化学肥料をやると、一発でどかんと吸収しますから、そうすると急激な生長がおきたりします。あるいは細胞のなかにためこむ。それが結果的に硝酸態窒素の過剰な蓄積になってしまう。有機栽培の場合、有機物の分解に伴って、徐々に窒素を吸っていく。必要な分だけ吸うのでためこまない。その差が葉の色や、生長過程に出てくると思います。

徳岡　バランスがくずれた野菜はおいしくないということですか。

西村　人の体と一緒で、必要に応じて、体の生長にあわせた栄養をゆっくりつけていくのが大事だと思うんですね。けれどもドカ食いしたりすると、糖尿とか変調をきたすということになる。私は作物を育てている農家に、肥料は腹八分目にしてくれとよく言うんです。

徳岡　それは物をみながら判断していくわけですね。

西村　そうです。そういうことができる農家であるかどうかが、非常に重要なポイントになりますね。

徳岡　化学肥料というのはどのようにつくられているのですか。

西村　高温と高圧でもって、窒素ガスと水素ガスとぎゅっと反応させて作ってるんです。ナポレオン戦争の時にフランス人が発明しました。窒素と水素を化学合成して爆薬ができたので、ナポレオンが戦争でかなり有利になった。そこから化学肥料もできました。

徳岡　それはアンモニアなんですか。

西村　そうです。それを酸化したら硝酸態窒素。話が飛びますけど実は、江戸時代の農家は、雷が多い年は豊作だと言ってたんです。雷一発で何十キロと窒素酸化物ができるんです。空気中の窒素ガスが酸化して、窒素酸化物になって、硝酸態窒素になって雨といっしょにざーっと降ってくるんですよ。それが作物に吸収されるので、雷の多い年は豊作なんです。稲妻は稲の妻ということです。日本海側ですと、冬に雪が降る時に必ず雷が起きます。なかに窒素酸化物が固定された雪がどーっと積もる。それが春、雪解けにともなって川になだれこむので、いい米がとれる。雷という漢字だって、田に降る雨と書きますよね。

徳岡　硝酸態窒素は、還元されてアンモニアになって、水田では稲に吸収される。アンモニアというとおしっこもそうですか。

西村　おしっこは尿素ですからアンモニアと炭酸ガ

スの化合物です。

徳岡　要するに窒素分を与えるためにおしっこなどもまいていたのですね。

西村　日本人がし尿を使いだしたのは江戸の中期なんですね。シーボルトが長崎から江戸に行った時、街道を馬にゆられて行ったんですけど、アンモニアの匂いで目が腫れたっていうんです。街道沿いの肥つぼのアンモニアの匂いで。ああ日本人がそれを農作物に返しているると。ああいう使い方を欧米人は学ぶべきだと彼は言ってるんです。

徳岡　前から疑問に思っていたことがあるのですが、虫が食っている野菜はおいしいと言いますよね。

西村　本当に健康な野菜は、あんまり虫は食わない。

徳岡　それはどうしてなんでしょう。

西村　抵抗力があるんですよ。私が今までずーっと見てきて、養分をやらなくて栄養不足の野菜か、ギンギンに黒いメタボ野菜か、どちらかに虫がくる。生き生きとして元気な野菜は、虫がつきにくい。隣どうしで葉っぱが接しているのに、ひとつには虫がいっぱい寄ってきていて、もうひとつは全然食ってないというのはあります。虫が食っていない野菜は、大きいし活きもいい。虫にとってうまいだろうと思うんですけど、食わないのです。それがなぜなのかは、まだわかってないんですが。

徳岡　野菜にも免疫力みたいなものはあるのですか。人間と同じような。

西村　あると思います。たとえば熱帯雨林で、ある木に虫がいっぺんにガーッとついて、葉っぱが毛虫に台無しにされています。そうすると、その木が信号を出すといわれているのですよ。その信号は音ではなくて、匂いなんです。化学物質なんです。同じ種類の木がそれをキャッチして、防御反応、免疫反応する。それで他の木は虫にやられないですね。その信号が化学物質らしいというのが、最近やっとわかってきました。

徳岡　生きるための防御反応を持っているのが生き残ってきたんでしょうね。人間も一緒ですね。

西村　あとひとつ言えることは、虫のつきやすい野菜の特徴は、強いストレスを受けているものが多い。強烈なストレスというのは、養分が極端に不足するか、過剰になっているか。あるいは、干ばつにさらされたとか、水が足りなかったりとか、そういうことが主なストレスです。

徳岡　人間だったらむしろ順調に育っていくと、メンタル的に弱い人間ができそうですけど。そういうことはないですか。波瀾万丈な人生を送った人は、打たれ強いじゃないですか。

西村　われわれの体と一緒で、「今日は汗ばむね」とか、「涼しいね」とか、そういう季節感のある軽いストレスがないと、日常の生活反応が進まないと思います。僕は温室で作ったものと、露地ものとの違いということで説明しています。温室では温度の刺激とか、水の刺激とかまったくないじゃないですか。刺激がないっていうことは、外側の刺激に対して正常な反応をしない、どことなくぼけたような感じになるんです。

徳岡　それは形とか色とかに出てくるものでしょうか。

西村　はい。

徳岡　当然、味にも出てくる。

西村　形は整っているけれども、ぼけてます。温室育ちの有機栽培っていうのも、やっぱりぼけてます。私はある程度外気の刺激にさらされた方が、しっかりしたものが育つだろうと思います。別の言い方をしますと生命力と言えるでしょうか。

けっきょく、おいしい野菜は農家がいかに丁寧につくっているのか、そこに頼るしかないのですね。

徳岡　西村先生のお話は生長過程をしっかりと見

て、そこからおいしい野菜を見分けましょうということですね。とてもいい視点であるし参考になりますが、この本だけを丸呑みにするというのも違うと思います。この本を目安として、自分で味を確かめて、経験値をつんでもらいたいと思います。食に意識を向けてもらうことができれば、それが一番すばらしい。本だけではなくて、八百屋さんに行って店員さんと話をする。生産者のところにお子さんと一緒に行って話をする。

「こう聞いてるけど、どうなの、あなたのところのねぎを見せてくれない?」とか「この本にはこう書いてあるけど」など、そういうふうに話ができればいいですね。そうしたら、他のいいところも悪いところも見えるかもしれません。

西村　それ、大事なことですね。

有機野菜ならおいしいのか

西村　いろいろ話してきましたが、もう一度原点にもどっていうと、やはり私は農薬は使わないほうがいいと思っています。

なぜ農薬がいけないのか。日本ではあまり研究はなされていないんですけど、有機栽培の盛んなフランスの研究で、農薬をかけると作物の体が変化して、作物の抵抗力をなくしてしまうことが往々にしてあると報告されています。虫を殺すだけでなく、作物の代謝にもかなり影響を及ぼすと。

そういう代謝が乱れた作物は、はたして本当に食べるにふさわしい食物なんでしょうか。われわれが栄養をとれるような作物になっているのでしょうか。

徳岡　それはそうですよね。使っている農家を否定するつもりはありませんが、できることなら、僕も農薬はまったく使わない方がいいと思う。最近、減農薬とかエコファーマーという認証があります。あれはある程度の農薬は使ってもいいという基準だと思うんですけど、僕自身はどんな制限をしてもよくないんじゃないかな、と。除草剤、殺虫剤は、要するに生命を絶つ薬ですよね、

西村　そのとおりです。ただ、先ほどから言っているように、おいしさと有機で作ることはイコールなのか。有機でつくってあれば、なんでもおいしいのか。そんなはずはないですよね。

もうひとつ言いたいのは、なにをもって有機農業とするかですね。今まで農薬と化学肥料を使わなかったら有機農業だと、それで健康で安全でおいしいと言われてきましたが、本当にそうなのか。

有機農業をしたいという人が、必ずといっていいほどおちいるのが農薬や化学肥料の代替物を考えることなんです。それがなかったらとれないと思うわけです。そして、農薬の代わりにニーム、つまりインドセンダンの抽出物などをまくのですが、まけば虫が嫌うんですよ。確かに虫がこなくなるんだけど、カマキリも来なくなる、てんとう虫も一緒に来なくなる。次に化学肥料の代替物はなにかと言ったら、鶏糞、豚糞などの畜糞となるわけです。

それがはたして有機農業かというと私はそうじゃないと思ってます。それはいわゆる本当の有機農業に至る移行段階なのではないか。また今の農業はエネルギーを使いすぎだと思

う。現代農業は、効率よく、簡単に作れる方法ばかりを追求している。私が考える有機農業というのは、石油エネルギーを極力使わない方法だと思っているんです。まず土を健康にすることを第一義にしているからです。土が本当にふかふかでよくなってくれれば、トラクターで耕運する時の燃費がよくなります。石油をもとにした農薬も化学肥料も使いません。輪作体系を重ねて、土を肥やしながら食料を確保しようというものです。

作物の健康を確保しようと思ったら、やっぱり元である土が健康でないといけないわけです。健康な作物を取ることができれば、われわれはバランスのいい食料が確保できる。そうすると病気にもかかりにくくなりますから、医療のコストも下がる。

徳岡　生活しやすくなる。

西村　私はそう思っています。私は有機農業にこだわっているわけじゃないですが、そういうふうな農業をわれわれは目指すべきじゃないかな、と。農薬類を使うと、それは作物に影響を及ぼさないという保証はまったくない。それが原因で作物がおかしくなる。おかしくなることによって、虫が攻撃しやすくなるとか、あるいは病原菌に感染しやすくなるってことは、往々にしておきる。

徳岡　コストもかかるんですよね。

西村　そうなんです。そのことの方が私はむしろもっと重要だろうと。だから私は農薬の残留問題もさることながら、環境を乱すことをやめるべきだというのが基本的な考えですね。農場がひとつの生態系にならないと、本当の意味での有機農業ではないと思っているのです。その段階では、たくさんの資材を投与しなくても、しっかりとした野菜ができる。ぐるぐると少ない養分が回りだすんです。低投与型と私は呼んでいます。

徳岡　そういった土壌になるためには、かなり長い時間がかかる気がします。

西村　実はそれがどこまで縮められるかを、今考えているんです。今、一年って言ってるんです。

徳岡　一年でできますか。一番のポイントは土壌のミネラルバランスだと思うんですが、今まで農薬、化学肥料をまいていた農家の人が、一年間で変えられますか。

西村　何年もかかるとやっぱり農家にとってものすごい負担になりますね。

徳岡　その時にはミネラル成分を、たとえば窒素リン酸カリなどを有機物から入れるってことですか。

西村　そうです。それは他所からとってきた草をほうりこんでもいいですし、緑肥作物を生やすとかいろいろ方法があります。ある程度畜糞を最初の段階で使っても止むを得ないだろうと。ただ畜糞が直接的に作物に効くような使い方をしてはいけないと思っています。

さらに、低投与型から、今度は低栄養生長というレベルにしていきたい。これはほとんど何にもやらなくてもある程度とれるようになります。そこまでいったら、めちゃめちゃおいしい野菜になる。

徳岡　作物が自分たちで生きようとするわけですね。それくらいになるまで、どれぐらい見込んでおられるんですか。

西村　低栄養生長にいたるまでは遺伝子が変わらないとだめなので、やっぱり一〇年。

有機農業の定義をもう一度考え直したいですね。農地の周辺にある自然資源をいかに効率よく効果的に利用しながら、永続的に作物生産を可能にするかが有機農業だと私は思っています。

徳岡　最終的には、そういう農法がもうかるというふうになるといいですね。正しい考え方をすることが、一番もうかる手段なんだというように広がるといいですね。

一生懸命やっている農家の人にお会いすることがありますが、経験がないので実際お金になっていない。それで諦めてしまう人もいます。若い素人の人がわかるような仕方で、西村先生が考えている有機農業が広がるといいですね。農業をする人が増えれば、さまざまな競争が起こります。価格競争にもなると思いますが、品質をあげるための競争も生まれると思うので。

自給率の問題

西村　いま日本の農業で一番の問題となっているのは自給率でしょう。食料自給率（カロリーベース）は四〇パーセントということになっていますが、加工品は含まれていない数字ですから、実際にはもっと低いと思います。まず、この自給率があがってこないと、農家も私たちも困るわけです。

解決策のひとつに、土地に関する規制を少しやわらげる必要があると思うのです。たとえばロシアにはダーチャという制度があります。市民が田舎に自分の小さい家を持ち、そこで耕作する。耕作することによって土地が所有できるんです。

徳岡　日本は土地の活用の仕方って区分けをされていて、農地、商業地、住宅地などと細かく指定をされていますよね。都市計画するために必要なんでしょうけど、農地は農地としてしか使うことが許されない。農地を貸すことはできるんですか。

西村　また貸しはできないですけど。

徳岡　農業に携わっている人はかなり高齢化しています。後継者もいない。たとえば、まったくの素人の人が、何年か農地を借りることによって、農業家として認められるんですか。

西村　農地法の規制では、一定の基礎面積以上を耕作することが条件なんです。それは本人が耕作しないと駄目です。これを耕作主義って言っています。一定面積というのは、地方自治体によって決まってる。一番緩いところで三〇アール。一番きついところで最低五〇アール。私の今住んでいる日吉町は四〇アールだったんですね。僕は一気に四〇アール買ったんですよ。

徳岡　一般の人が買うことはできるんですか。

西村　できます。うまいことといけば。ただし、田舎の人間はなかなか自分の土地を売りませんから、競売で手に入れるしかない。差押えで裁判所から売りに出たとかね。

徳岡　もし一般の人たちが農地を買うことができるというルールにできれば、農業に参入しやすくなるでしょうね。

西村　ドイツにもクラインガルテンという制度があるんです。小さな別荘のようなものを田舎に持つ。ただしロシアと同じで、確かに耕作しているということが事実であれば、田舎に土地が所有できるわけです。

徳岡　自給自足を推奨しているわけですね。日本でも自分の自宅で自家菜園みたいなことはされてる方はいらっしゃいますよね。

西村　います。ただ、あんまり小さな面積で手をかけすぎると、得てして窒素過多で、あまりいいものが採れません。自分の作ったものであれば、納得して食べるでしょうが、あんまり体によくないですね。

徳岡　しかし、ただ農地を買っても、いきなり農業できるわけもないし、農業らしきことができても、お金になる農産品ができるかっていうと、そうでは……。

西村　できないでしょうね。

徳岡　教えてくれる人や場所があるといいのですが。農家の人が教えてくれるのだったら、とてもリアルですし、農家の人の収入源にもなりますね。地方でそういう試みはいくつかあるようですね。

西村　農業を教えてくれて、一〇〇万くらい支援してくれるところもあるようです。私が聞いたのは、北海道での試みでした。三年間、空いている土地を使って、教えてもらいながら、実際の農作業をするわけですね。そこでできたものは自分で販売していい。それプラス生活費として一〇〇万もらえて、三年後に自立できたら自立しなさいと。ただ、その後、その土地に根付くかというとなかなかうまく行かないと聞きました。

西村　土地の問題、農業技術の問題のほかに、流通という難問も抱えていると思っています。小さい規模の生産農家が、経済的にまわっていくためには、しっかり自分の農産物が売れるような市場があるといいと思うんです。それには、公設市場を設けなきゃいけないと思っています。

中央卸売制度とはまったく別物です。中央卸売制度について、私はかなり否定的です。JAが水道のパイプみたいに、農家から入ってきたものをそのまま横流ししているだけに見えます。先日、沖縄に行って、市場をのぞいたら、北海道のじゃがいもが売られている。北海道のじゃがいもはまず東京に行き、東京ではねられたものが、地方の中央卸売市場に回って、最後に沖縄にくると。「このじゃがいも安いやん」と僕が聞いたら、「沖縄では補助金がつくから安いんです」そう答えが返ってきました。

流通がこんなふうに複雑だと、国内の農産物の価格がどんどんあがって、海外の安い農産物に押されるのは当たり前なんですよ。僕はまず中央卸売市場の制度は止めるべきだと、一極集中は止めた方がいいと主張しています。

たとえばＥＵなどの方針は逆です。ドイツのバイエルン州ならバイエルン州内でまかなえるようにしなさいというのが建前なんですね。火力発電所も小さい規模のものを州内で電力がまかなえる程度にしか作っていない。これはリスク分散なんですよ。

地域ごとに市場と流通をまかなうことができれば、自給率もあがって、地域自給もできるのではないかと思ってるんですよ。

徳岡　フランスとか、ヨーロッパ全体として、自給率高いですよね。一二〇％とか。農家の人は、ある意味、自給自足的な感覚があるんですかね。

西村　あります。

徳岡　いまの流通のルールのままだと、安い方を買いたくなるでしょうね、一般の人は。その地域で固定してしまうと、かえって農産物は高くなりませんか。それとも流通経費がかからないから安くなるのでしょうか。

西村　やっぱり町がでかすぎたら駄目ですね。ある程度、その周辺で農村が広がっていて、ある人口以上は人を増やさないという町があれば、必ず自給はうまくいくと思います。ある程度の距離でまかなえるレベルだったら農産物ってかなり安くなるんですよ。

徳岡　要するに流通経費がかからないからですね。一般流通に流すと、販売会社の利益や宣伝のコストなど、どんどん上乗せされて商品の値段になるわけですから。近くの村のものを買うことができれば、鮮度もいいし、質もよいって話ですよね。

西村　はい。たとえば滋賀県は農産物がものすごく高いんです。農家から出荷したものはいったん大阪へもっていく。大阪の中央卸売市場へ滋賀県の仲買が買いに行って、それで戻ってくるんですよ。

徳岡　なんでそういうことがおこるんでしょうね。ＪＡって存在があるからでしょうか。

西村　それと中央卸売市場ですね。

徳岡　農家の方と話をしていると、ＪＡとは離れられないみたいなことをおっしゃる。自然災害があるときに、ＪＡが助けてくれるからと。

西村　共済でしょ。

徳岡　要するに作物が取れなかった年をどう過ごすかということですよね。そういう年に、助けてくれる銀行的な金融機関が必要だと。それをＪＡがやってると聞くんですけど。農家の人が意識してるＪＡっていうのは、金融会社なんですね。エコファーマー認証をとっておられる方々も、部分的にはＪＡが好むもの、ＪＡに卸せるもの、ＪＡの基準で買い取ってもらえるものというのを作って、他のところでは減農薬をやるとか、付加価値をつけた商品をつくっている。そういうものは直接販売がしたいと言っていますね。

西村　たとえばきゅうりは曲がっているのははねられるし、みかんのサイズは決めるし。良品ＬＬなどと等級をつける。これは全部中央卸売市場にかかわる流通業者なんですよ。葉っぱの色の濃いものがいい野菜だと、誤った観念を植えつけたのもこの流通のどこかでしょうね。生産農家も色が濃い方が売れるから、窒素をガンガン入れる。そういう構図になってしまった。そのなかでＪＡは何の役割を果たしているかと言ったら、地元の農家からの生産物を中央卸売市場に渡すのと、農薬と化学肥料を農家に売りつけるのと、それとあとは金融業ですわ、今は。私はそういう在り方を変えないといけないと思ってるんです。

徳岡　また土地の話にもどってしまうのかもしれませんが、農地を管理してるだけで、国からお金がもらえるんですか。

西村　補助金が出ますね。

徳岡　兼業農家というか、副業を持って、サラリーマンをしながら、補助金をもらうために土地を手放さない。息子も役所の仕事などをしながら、農業をしている。そういう方々は、一生懸命農作物を作ろうという気はないんですね。しかたがないことなんでしょうけれど、そういう人たちは、もし直接売れるファーマーズマーケットができたら、真剣にやりますかね。

西村　そういう農家は農地を資産価値としてしか見てないんですね。生産緑地というふうには見てない。私はそういうところの農産物は期待しない方がいいと思います。

都市農家と私が今住んでいるような農村とは全然違うと思うんですよ。私の住んでいるところは平均年齢が七〇歳を超しているわけです。そこら中に農地が余っているんです。それでも田舎の人間というのは農地を売らない。私が新規就農で誰か紹介しようかと言っても、家も貸しません。日本の農民というのは、土地に関してはものすごくコンサバティブ。これを打ち破らないことには、日本の農業は復活しないと思いますよ。

限界集落、つまり村が維持できるかできないかという限界にならないことには危機感が出てこない。限界集落になると、誰でも来てくれ、農地も何してもかまわない。家も貸す。やっとそうなります。そういうところの農地は、むちゃくちゃ荒れているんですよ。

現在、日本中に耕作を放棄して木まで生えている土地が三一万ヘクタールあるんです。それから不耕地と言って、耕作はしないけど、草が生えたら困るから、除草剤まいたり年に二、三回土をおこすだけで後は何もしていないという土地がどんどん増えている。

徳岡　農家の方が持っている土地ということです

ね。

西村　はい。七〇万ヘクタールが今遊んでるんです。さっき言ってたクラインガルテン、ダーチャみたいな制度をつくらないと。もう少し農地法を緩和するような、あるいは読み変えるような方法を探さないといけないですね。

徳岡　ひとつの方法では駄目そうですね。都会の人と地方の人たちの接点、交流できる場所が必要なんでしょうね。そのなかから「こいつ、かっこいい」と言われるスーパースター、サッカーでいえば中田英寿とか中村俊輔みたいな人が出て、サッカー人口が増えてくるわけですよね。そういうヒーロー的な人が一次産業のなかに出てくるといいですね。

仕事としてのイメージもあがらないといけないと思います。プライドもってできる仕事であるとか、自分で作って、自分で食べるんだから、食うに困らない仕事だとか、もしくは食べることに対して意識を高められる仕事とか、何かそういうふうな印象っていうのを若い人たちに伝えていくってことも必要だと思います。

日本は世界で一番食べ物を捨てている国だそうですね。一方で、食料が足りない国がある。もし農業界のスーパースターが出たのなら、そういう国へ農業技術を教えにいくこともできる。世界に貢献する仕事になります。

日本国内で言うと、障害者の方々に農業を教えることもできます。障害者の人にとっても教える方にとっても大変な作業だと思いますけど、それだけやりがいもあります。双方が社会に参加してるという生きがいを感じてもらえます。

西村　障害者施設などで農業をとりいれているところがあるそうです。リハビリになって、社会生活がかえってスムーズにできるようになる人がいるそうです。

徳岡　グループホームも、都会のなかではなくて、環境のいいところで、農業を営みながらできるといいですね。

西村　私の連れと一緒に考えてるんですよ。気の合った者同士一〇組ぐらいでできたらいいなと。運転できる者は運転できない方を連れて買い物に行く。運転できる人は自炊ができないから、他の人が作る。というようなそれぞれの持ち味を生かすような生き方ができないだろうかって。

徳岡　社会って本当はそうあるべきなんですよね。僕、小学生に話をした時に「なんで君たちは一生懸命勉強してるの」と聞いたことがあるんです。自分だけがいいポストにつくためとか、自分だけがお金もうけするためにじゃない。自分の能力を磨いて、社会に出て、自分の得意なところを他の人が不得意だったら助けてあげる。そのことによって、それが結局仕事になる。お金もうけになるわけです。そうやってみんなが助け合って生きていくために、いま一生懸命勉強してるんだよねって。英語や算数を勉強するのと同じように、食のことを意識してくださいね。食の知識をつけること、食の感性を磨くことは、人の役に立つことだよ。そういうことも意識して、得意な人は勉強しなよと言ったことがあります。社会って本当はそうあるべきなんですよね。助け合って生きていくっていうのが社会なんですよ。

西村　そうそう。それで有機農業で、小さな畑や水田があればいいんですよ。やれる人がそれを作ったらいい。そこまで体力がない人は、作った物を料理するとか、年とってくるとだんだんどこかが不自由になるわけですから、それを補いながら全体としてひとつの体のような感じで社会的に生活できるのが、私はグループホームだと思ってるんですが。

米をいかに守るか

徳岡　もともとＪＡも、分業をするという目的で始められたものですよね。農家は野菜を作って、自分で売っていたのでしょうけど、そのなかの賢い人たちがその地域をまとめて、販売の専門という形になっていく。初めは地域の人たちに売っていたのが、都市に持って行くと高く売れるというので、どんどん広がっていく。やがて国全体を管理をしようということで、いまの仕組みができていった。いまはその分業が管理に変わってしまった。乱暴な言い方かもしれませんが、ＪＡとか全農の意識が変われば、日本の農業は変わっていくのではないですか。それが一番早い。

西村　変わればね。でも二〇〇七年度も、生産者米価をめちゃめちゃ下げましたね。あれは犯罪的だと私は思います。農家は食べていくことができませんし、農家自体が増えていきませせん。

徳岡　お米が売れ残っているというか、売れなかったんですよね。

西村　僕は減反政策そのものが間違っていたと思っているんです。戦後、政府が米を一定の価格で買い取り、農家の経済的安定を保証していたわけですが、結局米のストックが多くなってしまったのと、買い取り価格よりも販売価格の方が低いので、国としては赤字をかかえるだけになってしまった。だから、作付面積の削減を奨励してきた。ところが減反しても、米の生産量自体は減ってはいなかったのです。それは減反政策が始まったころ、とくにそうなんです。面積は減っても、一反あたりの収量自体をあげてきたんです。そこにうまいものを作ろうって意識がなかった。

徳岡　有機農業に転換した農家の方にお話を聞いたことがあります。以前は農作物というのは商品だと思っていた。お金に代えるための商品。でも自分で有機農法をしてから、その意識が変わったそうです。有機農法でつくるとＪＡの基準に合わないから売ってくれない。そうすると自分で売らなくちゃいけない。手渡しで野菜を売ると、直接に消費者の反応を聞くことになります。そのときに初めて、これって食べ物なんだと気づいたって言うんです。

西村　徳岡さんはどんなふうに米を選びますか。

徳岡　基本的には曇りがなくて、大きめのものを選びます。店では毎年使うお米をみんなで選びます。見た目がツヤツヤしているのを一番にする人がいれば、香りがよかったからとか、食感、喉ごしが好きだとか、残った味がどうだったとか、いろいろな意見が出てきます。見て選ぶのでしたら、透明な感じでしょうか。

西村　澱粉の結晶が均一になってれば、透明になるはずなんです。それがおいしさの秘訣です。子どもの頃から、なんでお米って三度食っても飽きへんのかなって不思議でしょうがなかった。先日、管理栄養士さんに「口中調味って知ってる？」言われて、やっとわかりました。口の中で味を調えるのが口中調味。お米は、おかずを単独で食べるより、いっしょに食べる方がより味が引き立つ。それがお米の大事な役割なんです。二種類のおかずを口のなかに入れて、またご飯を食べると、二種類それぞれの味とはまた違った味になる。より味の深みを引き出すのがご飯の役目なのでは。

徳岡　パンとは役割が違う？

西村　ご飯は味のベースなんですよ。ところがパンは味のベースになってないでしょ。ちょっとしか食べない。だから米を輸入自由化せよと言われて、日本では米は主食だからと反論しても先方にはわかってもらえない。
徳岡　感覚として理解できない。
西村　そこのところに、私は日本人の米の輸入自由化に反対する時の反論の弱さがあるような気がする。
徳岡　スタンダードじゃないってことですね。
西村　はい。一回米のおいしさをわかると、米の魅力にとりつかれると、他の国の人々でも絶対米を食べたくなるんですよ。
徳岡　お米の方が小麦よりいろんな成分のバランスがよいと聞きました。
西村　米って総合栄養食なんです。かなり均等にバランスがとれた食品なんです。農家の人に「もうちょっとうまい米なんで作れへんの」って聞いたら「それやったら収量が減る」って言うんですよ。「じゃあ収量を落としたら、本当にうまい米って作れるんでしょ」って聞いたら「作れる」って言うんですよ。やっぱり収量と味というのは反比例の関係にあるんですよ。
徳岡　ある意味ですね。粒数の収量という考え方と、一つの実の大きさっていう考え方がありますね。ある程度大きく実らないとお米っておいしくなりませんね。
西村　そうです。しかも、それは稲そのものの栄養の問題なんです。稲そのものが健康に育たないとうまい米ができない。
徳岡　それは野菜のときと同じですね。
西村　はい。私の知り合いに五八年間、水だけやってなにも入れずに米を作っている人がいます。その米、めちゃめちゃうまいです。
徳岡　生命力がある。
西村　粒が大きくて重いんです。千粒重《せんりゅうじゅう》が重いっていうわけです。戦後、私たちは増産、増産と言っていた時代から、どこかでレールをちょっと踏み間違えてしまったのかなと思うんです。農水省が減反しようと言った時に、栽培面積減らしたら生産量が減るんじゃないかと考えたわけです。

徳岡　そうすると現金収入が少なくなるという感覚だったわけですね。

西村　はい。

徳岡　減反する時に質の高い物をつくって、単価を上げたら売り上げとしては変わらないですよね。

西村　という発想はなかったんです。農民は一番手がかかってあんまり取れない水田を捨てたんですよ。

徳岡　減反しても減らなかった(笑)。

西村　全然減らなかったです、そうすると農水省が躍起になってまた減らす。その時にもう一回考え直せばよかったんです。

そして窒素肥料をたくさん与えて、まずい米を作った。そんなまずい米を食べさせているから、ここまで米離れがおきてしまったのではないかと、僕は思うんですよね。

徳岡　そのうち日本の米ではなくて、どんどん外米が入ってきて、そっちを食べるようになるかもしれません。安いですから。二〇〇七年一一月に、サンフランシスコでイベントがあって、米を使った料理を紹介しました。イベントでは日本の米を持っていって、本物を食べてもらおうと思ったら、カリフォルニアの米の協会が協賛してるから、カリフォルニア米を使ってほしいというんですよ。事前に取り寄せて食べてみたら、このカリフォルニア米がおいしい。日本の品種をカリフォルニアで作っているんですよね。

西村　カリフォルニアのコシヒカリはうまいんですわ。

米は天気いいところの方がよいものが育ちます。カリフォルニアは種まいてから収穫まで一回も雨が降らないんです。灌水は川などの水を引いて、種も空中散布し、農薬も空中散布し、化学肥料も空中散布でやりますから、手間もかからず、余計に安い。国内の米はますます太刀打ちができなくなります。

徳岡　北海道では気候が伴わないですかね。米でも小麦でも。

西村　温暖化で北海道は今、とてもうまい米がとれる。

徳岡　それはすごいですね（笑）。

都市と農村

徳岡　北海道で大規模有機栽培というのはできないんでしょうか。

西村　できます。

徳岡　要するに有機栽培で大規模にする時の問題っていうのは、雑草をどうするかということですか。

西村　雑草と虫なんですよ。北海道では少しずつ、成功例が出てきています。北見でたまねぎの単作を三五ヘクタールでやっている。石狩平野だったら三〇ヘクタール、四〇ヘクタールの米を水田で稲を有機でやっています。「これは新潟の魚沼の米なのでは？」というくらいおいしいそうです。

ただ温暖化で別の問題が出てきてしまいました。北海道でじゃがいもを収穫するときには、すのこのようなものをガラガラとまわして、その隙間から落ちてしまう小さいじゃがいもは畑に置いていくんですね。売れるものだけトラックに積んでいくわけです。

この小さいいもは、冬の間土が凍るので翌年には腐ってほとんど駆除できたんです。ところがいまは落ちたいもが翌年発芽するわけです。これが雑草になって大変なんですよ。みんな野良いもって呼んでいます。

徳岡　土が凍らなくなってきているんだ。北海道ってけっこう自給率高いんじゃないですか。単体で考えると。

西村　高いです、二〇〇%くらいありますね。

徳岡　そんなにあるのですね。これからどんどん温暖化が進むと、ますます住みやすいところになるでしょうね。北海道ならば、都会と農村の接点のような場所がつくりやすいかもしれませんね。アグリツーリズムのようなことができるかもしれません。地元の食材で、おいしい料理を食べさせ、宿泊施設もあり、農業体験もできる。漁村が近いところならば、アグリツーリズムもできますね。

西村　私もそんなことができないかと、今自分の住んでいる町を中心に考えています。実は仲間が集まったんです。私の今住んでいる家を新築して宿舎にするんです。そこで新規就農をしたいという人を集めて有機農業の学校を作る。そこでできた農産物と他の賛同者の野菜とをあわせて、大阪の方にアンテナショップを出そうと計画しています。横に小さいレストランも作りたいとも思っています。うちの女房がケーキ焼くと言って、登録商標もちゃんととったんですよ、「五〇歳からのケーキ屋さん」。旦那さんを送りだしたあと、ちょっと甘いもの食べたいなと思った女性に、立ち寄ってもらえるような。

徳岡　そういうみんなが集う場所って、いいですよね。

西村　僕は専業の新規就農者と、しっかりした家庭菜園ができる連中を育てる。それがぼくの夢ですね。専科は一年半なんです。たとえば秋に種まいて、翌年の六月か七月にしかとれないたまねぎなど、越年の作物もありますから、一年半が専修コースで一応区切りと考えています。

徳岡　何種類の品目を学べるんですか。

西村　六〇品目を予定してます。

徳岡　けっこう大変ですよね。一般農家で何品目ぐらいできるんですか、地域によって違うでしょうけど。

西村　暖かいところだったら、八〇品目やってます。

徳岡　八〇！

西村　なぜそうなるかというと、消費者と直結しているからです。直接自分が持っていって届ける。あるいはパッケージに詰めて、宅急便で二週間か一週間に一回送る。その農家が今は大根の季節だからといって、大根ばかりだったら怒りますでしょ。

徳岡　そりゃそうですよね。だから八〇品目を作るしかないのですね。輸送コストを下げて地域とのつながりを作るためにはたくさんの品目がないと、対応できませんからね。

西村　九州に「ティア」というレストラングループがあります。本店は熊本で、地元の有機栽培農家を集めて、さまざまな食材を農家ごとに注文して作っているわけです。全量引き取りなんです。ですから小さいものも引き取る。折れたものや小さい野菜は、蒸籠で蒸して食べさせたり、しっかり調理して、無駄なく食べられるようにしているんです。これがおいしい。

どの料理もビュッフェ形式で、次から次と厨房から料理が出てくる。僕が食べたのは昼ですが、一四〇〇円のコースで、ケーキまでついている。そこが今、フランチャイズ店を募集しながら、のびていっています。

たとえば瀬戸内海や有明海でとれた魚は、立派な魚だけを箱に詰めて取り引きされています。のこりの雑魚は今まで全部捨てていたんです。それはゴミです。それを全部「ティア」は買い取り、うまく料理して出してる。

徳岡　地元でしか食べることのできない食材や料理は、観光資源にもなりますよね。

西村　地域の食材をどんどん出すという意味で面白いと思います。

徳岡　作る人が食べ物じゃないと思って作っているというお話をしましたが、買う方も食べ物だと思って買ってないんじゃないかなと思う時があるんです。肉、魚、野菜、私たちが口にするものは基本的に生き物ですよね。そういう生き物がいつも恒常的に肉屋さんとかスーパーに置いてあることの方が、ある意味不思議なことです。以前はないのが当たり前でした。ただ消費的な動向としては、ない時にあるとうれしいから売れるんですよね。

西村　そうそう。

徳岡　市場原理で、季節にない時に何とか作れって話になるわけでしょ。

西村　それでハウスができ、促成栽培が始まります。私の子どもの頃のいちごの旬は、五月でした。ところが今や一二月から並んでいます。いちごの花を咲かせるために、二週間冷蔵庫に苗をほうりこむと、ワーと花芽を作ります。それからハウスに入れて、暖かくしたら一発で花が咲くんです。

徳岡　そういうものを考える人も偉いんですけどね。

西村　それから旬が終わったあとも、もうちょっと取れるようにしようと、今度は抑制栽培が考案されます。要するに今度は成長を遅らせます。でもそのハウス栽培も、石油が高くなればできなくなります。

徳岡　ハウスが維持できない。

西村　その一方で、マクロビオティックが日本に逆輸入されてきたじゃないですか。桜沢如一がつくった考え方ですが、日本よりむしろアメリカのハイソサエティの連中に流行ったんですよね。玄米と野菜しか食べない。

徳岡　マドンナのキッチンをまかされている日本人から広まったと言われていますね。

西村　私はマクロビオティックには賛同できないと

ころもあります。小麦粉のグルテンだけを抽出して、それでハンバーグを作る。ハンバーグと同じような味を作るんですね。そこまでしなくてもいいのに。

徳岡　私も極端な考え方や食生活には賛成できません。テレビの食や健康番組を見ていて違和感を覚えるのは、この食材にはこのビタミン、栄養素があるから、これを食べるとある症状が治るなどと紹介しますよね。そうするとその食材がぱっと売れるようなのですね。でも実際には、そればっかり食べても駄目なんですよね。サプリメントについても同じことがいえると思います。

西村　もう一回食の基本に還る必要があると思っています。

有機栽培を前提として考えるのなら、たとえば夏の果菜類、きゅうり、なす、トマト、ピーマン、とうがらし、空中にぶらさがりますよね。あれは体を冷やす野菜なんですよ。だから夏に食べる。秋から冬にかけて採れる野菜は土のなかのものが多くなります。たとえば根菜ですが、それらは体を温める野菜なんです。

本来なら体を冷やす野菜を冬に食うのは意味のないことなんです。反対のこともいえますね。

春になったら山菜を食べますが、山菜の芽の先端にはカリウムが多く含まれています。カリウムが多いから、山菜はほろ苦い。カリウムがたくさんある食事をすると、体がカリウムの刺激で活動的になるんです。

徳岡　デトックスみたいな効果もあると聞きますよね。冬眠した熊がまず食べるのは、山菜だと聞きます。

西村　新陳代謝を活発にするんでしょうね。旬の野菜はわれわれの体が要求する野菜です。

徳岡　子どもは苦いものがあんまり好きじゃないですよね。苦いものって毒っていうイメージがあるし、子どもは、必要ないから食べたくない、嫌いというかおいしく感じないのでしょうね。でも年齢を重ねていくことによって、苦いものを食べられるようになるし、おいしいと思うようになる。

西村 はちみつは、一歳未満の子どもに食べさせたら駄目ですよ。はちの唾液のなかに殺菌成分があるんですね。それが赤ちゃんの腸内細菌をこわしてしまう。感染症にかかりやすくなるのです。腸内細菌が完全にできあがるのは、離乳食をしっかり食べさせた後ですから。

徳岡 離乳食の基準ってどういうものなんでしょうね。

西村 やっぱり粗食でしょうね。あまり栄養価の高いものを食べさせない方がいい。そうすると消化器官がしっかり発達する。そしたら後で何を食っても、しっかり体につくような消化器官になる。それができあがらないうちに、あまり栄養価の高いものを食べさせて、体がそれを覚えてしまったらたいへんなことになりますね。

徳岡 信じられないことですが、今、子どもの糖尿病ってとても増えてるっていいますよね。

西村 ペットも同じです。糖尿、高血圧、心臓病。

徳岡 食育ということが言われ始めて久しいですが、家族全員で食について考える必要がありますね。どうしたら、そういう方向にもっていくことができるのでしょうか。

最近、賃金の安い東南アジアで魚の小骨を全部とってから日本へ輸出されている「骨抜き魚」が売られています。子どもたちは魚には骨がないと思うことでしょう。私の子どもの頃は二本の箸で、骨をよけて食べる訓練をさせられました。小骨が喉に刺さると、おふくろは「ご飯をごっくんといっしょに飲み込んで」と言ったものです。

暮らしのなかで、自然に伝わっていったことが、今はなかなか伝わっていかない。たとえば、今の子は、無農薬で作った絞りたてのジュースより市販されているものの方が美味しいと言うかもしれません。しかし、本能的なもの、生きるために必要なものを、美味しいと感じる力を子どもたちに教えることが必要なのではないか、と思っています。

西村　やっぱり私は初等教育が大事だと思います。小学校の子どもを抱えている親と先生にまず勉強してもらいたいですね。小学校の子どもの食育を変えたら絶対世の中は変わります。学校給食をご飯にすると、おかずの種類が変わってきます。それを食べだすと、子どもの舌がよくなって、ファミレスに行ったらまずく感じるそうですよ。

徳岡　京都市では実験校ができていて、日本料理アカデミーから料理人が教えに行ったりしています。実際に出汁をひいて料理をして、基礎的なことをやってみせます。料理人ってかっこいい、と思ってもらおうという授業なんですよね。

西村　料理に触れるのはとてもいいことですね。あとは農家へ子どもらを連れて行って、採れたての野菜を食べさせたり、野外教育ができるといい。

もうひとつ強調したいのは、農というのが命を作る産業なので、食べ物というのが命をつなぐための一番大事な素材なんだということをもう一回顧みてほしい。それを忘れてしまった農というのは駄目でしょうね。そんな気がしてしょうがない。

徳岡　それは消費者もそうですし、行政もそうですし、生産者もですね。生産者の責任というのは西村先生がおっしゃったような経緯があるんですけど、生産者自身が立ち上がらないともうどうしようもないですね。

ルールが悪いからできない、といっていたら何も変わらないので、そんなことじゃなくて自分たちでやっていかないと駄目なんだろうな。そのお手伝いっていうのを僕たちはしたい。まずはよい野菜を見分ける目を自分なりに作って、厳しくもよい選択をして、農家を支援していきたいですね。

西村　私はこれから小さいＪＡを作ろうと思う。地域に密着したＪＡで、委託販売を引き受けたら町に売りにいってくれるような。フットワークの軽い、小回りのきく、地域に密着したＪＡを作る方が、合併よりいいだろうと。農業協同組合というのは、五人以上の出資者があればできるそうです。

徳岡　その小さな、健全なグループがどんどんできてきて、地域のネットワークができたらいいですね。

写真　山口規子
ブックデザイン　鈴木成一デザイン室

徳岡邦夫　とくおか・くにお

京都吉兆嵐山本店 総料理長。一九六〇年生まれ。「吉兆」の創業者・湯木貞一氏の孫にあたる。十五歳のときに京都吉兆嵐山本店で修業を始める。一九九五年から、京都嵐山吉兆の料理長として現場を指揮。二〇〇五年一月、日本料理界から初めて、世界のトップシェフが集まる「第三回インターナショナル・サミット・オブ・ガストロノミー」に参加。イタリアのスローフード協会にも数回にわたって招かれている。現在、食育にも一役買うべく、積極的に活躍中。著書に『嵐山吉兆春の食卓』『夏の食卓』『秋の食卓』『冬の食卓』(バジリコ)がある。

西村和雄　にしむら・かずお

一九四五年京都市生まれ。京都大学農学部修士課程修了。三十年以上にわたって、有機農業の研究と指導を続け、海外でも農業指導を行っている。京都大学農学部助手、京都大学フィールド科学教育研究センター講師などを経て、二〇〇八年から京都府南丹市で、有機農業の塾を始めた。著書に『スローでたのしい有機農業コツの科学』『おいしく育てる菜園づくりコツの科学』(七つ森書館)がある。

おいしい野菜の見分け方

二〇〇九年五月三〇日　初版第一刷発行

著者　徳岡邦夫
　　　西村和雄
発行人　長廻健太郎
発行所　バジリコ株式会社
〒一三〇-〇〇二二 東京都墨田区江東橋三丁目一番三号
電話 〇三-五六二五-四四二〇
ファックス 〇三-五六二五-四四二七
印刷・製本　図書印刷株式会社

ISBN 978-4-86238-125-5
http://www.basilico.co.jp